Robo en la noche

by
Kristy Placido

**Edited by
Carol Gaab**

**Cover Art by
Irene Jimenez Casasnovas**

Interior Illustrations by Robert Matsudaira

ISBN: 978-1-934958-57-5

Fluency Matters, P.O. Box 13409, Chandler, AZ 85248

800-877-4738

info@FluencyMatters.com • FluencyMatters.com

A NOTE TO THE READER

This novel contains basic, level-one vocabulary and countless cognates (words that are similar in two languages), making it an ideal read for beginning students.

Essential level-one vocabulary is listed in the glossary at the back of the book. Keep in mind that many verbs are listed numerous times throughout the glossary, as most are listed in various forms and tenses. (Ex.: I go, he goes, he went, etc.)

Cultural words/phrases and any vocabulary that would be considered beyond a 'novice-mid' level are footnoted at the bottom of the page where each appears. Footnoted words are also listed in the glossary.

You may have already noticed that there are two versions to this story, a past-tense version and a present-tense version. You may choose to read one or the other, or both. Whatever version you choose, we encourage you to focus on enjoying the story versus studying the tense in which it is written.

We hope you enjoy the novel! ¡Pura vida!...

Índice

TO READ THIS BOOK IN
PRESENT TENSE,
TURN BOOK OVER AND READ
FROM BACK COVER.

Capítulo 1
¡A Costa Rica!

Makenna y su padre, el Dr. David Parker, abordaron el avión[1] y se sentaron en los asientos[2] 7E y 7F. Makenna se sentó en el asiento 7F y miró por la ventana del avión. No miró a su papá. Miró por la ventana y pensó en su hermana, Alex. Su hermana no estaba con ellos y Makenna estaba triste por eso.

Su padre se sentó en el asiento 7E, y una

[1] avión - airplane
[2] asientos - seats

1

Thinks about Sister and Mom

mujer vieja se sentó en el asiento 7D. Makenna continuó mirando por la ventana y pensó en su hermana y en su madre.

Su padre no habló. Leía una revista[3] que se llamaba Bird World. No leía revistas normales como Reader's Digest o Sports Illustrated. Leía revistas muy diferentes. Leía revistas de ecología porque era ecólogo. Era experto en animales. Los humanos les causan problemas a los animales, pero el Dr. Parker pensaba en soluciones. Era profesor de ecología y era especialista en el hábitat de las aves[4]. Trabajó en la Universidad de Michigan State por trece años, pero tenía un trabajo nuevo.

Dad's smart, a college professor, ecologist, bird man

El trabajo nuevo era en Costa Rica. El Dr. Parker iba a trabajar en Costa Rica como ecólogo. Por eso, estaban en el avión. Makenna no quería ir a Costa Rica y estaba muy triste. Quería estar con su hermana, que estudiaba en la universidad. También quería estar con sus amigos. Su padre le dijo que sus amigos podían visitarla en Costa Rica, pero ella pensaba que sus amigos no iban a ir a

Makenna not happy about moving, no friends or sister. Said

going to work

Thought

[3]*revista - magazine*
[4]*aves - birds*

2

Costa Rica. No era probable porque sus amigos no tenían mucho dinero.

Makenna quería su teléfono celular. Normalmente, Makenna se comunicaba con sus amigos por textos, pero en Costa Rica no iba a tener un teléfono celular. Su padre dijo que podía comunicarse por correo electrónico, ¡pero sus amigos no se comunicaban por correo electrónico! En ese momento, Makenna estaba muy, muy triste. Quería estar con su hermana y con sus amigas.

Makenna no tenía mamá. La mamá de Makenna había muerto hacía tres años[5], cuando Makenna tenía doce años. Había muerto en un accidente de carro. Makenna tenía preguntas sobre su mamá y el accidente, pero su padre no quería hablar de su madre. No le gustaba hablar de su esposa y no le gustaba hablar del romance en general. La hermana de Makenna, que se llamaba Alex, decía que su papá necesitaba romance, necesitaba una mujer. Él sólo tenía cuarenta y cuatro años. Era viejo, pero no muy viejo.

[5]*había muerto hacía tres años - died three years ago*

Makenna no pensaba que era una buena idea. Su papá trabajaba mucho y no tenía mucho tiempo para el romance.

La situación estaba muy mal porque Makenna no tenía su caballo⁶, Bender. Makenna no tenía otros animales aparte de su caballo. Bender era un amigo. Cuando Makenna hablaba, Bender escuchaba. Bender era el caballo de su mamá y por eso, era muy especial. Su mamá lo llamó Bender porque su película⁷ favorita se llamaba "The Breakfast Club". Era una película vieja. Judd Nelson era uno de los actores principales en la película y su personaje se llamaba Bender. A Makenna le gustaban las películas viejas porque a su mamá le gustaban.

Cuando Makenna hablaba con Bender, ella imaginaba que su mamá escuchaba la conversación. Le gustaba imaginar que su mamá los miraba y los escuchaba. En ese momento, Makenna miró por la ventana y pensó en todo; pensó en su mamá, su hermana, sus amigas y su caballo.

---

⁶caballo - horse
⁷película - movie

Makenna no hablaba, sólo pensaba. En el silencio, su padre le preguntó:

    – ¿Qué tal, mija[8]?

    – No sé, papá. No quiero ir a Costa Rica. No tengo amigos en Costa Rica. ¿Por qué tenemos que ir[9]?

    – Mija, es una buena oportunidad para mí profesionalmente. Y para ti también. Vas a hablar español. Y tú vas a tener muchos amigos cuando vayas[10] a la escuela en septiembre.

Makenna no le respondió. Sólo miró por la ventana otra vez. Se sentó en silencio y pensó: *"Estoy completamente sola"*.

> *Makenna asks her Dad why they have to go to Costa Rica.*

[8]*mija - term of endearment: my daughter*
[9]*tenemos que ir - we have to go*
[10]*vayas - you go*

Capítulo 2
Una casa nueva

(handwritten margin note: Makenna notices San Jose has no tall buildings)

Makenna miró por la ventana y vio San José, la capital de Costa Rica. Makenna notó que era una ciudad grande. Había muchos edificios[1], pero no había edificios altos. El padre de Makenna le explicó:

— Hay mucha actividad sísmica[2] en San José. A veces[3] la actividad sísmica es muy violenta y por eso, no hay edificios

[1]edificios - buildings
[2]actividad sísmica - seismic activity (earthquakes)
[3]a veces - sometimes

muy altos.

A <u>Makenna le gustó</u> la idea de <u>sentir</u> actividad sísmica. Emocionada, le preguntó a su papá:

– ¿Es probable que vayamos a sentir un temblor? *Makenna likes danger*

El piloto interrumpió la conversación: *"Bienvenidos[4] a San José".*

off the plane El avión llegó al aeropuerto y Makenna y su papá se bajaron del avión. Entraron al aeropuerto. Diez minutos pasaron y finalmente, vieron a un hombre que tenía un papel que decía: "Dr. Parker". El Dr. Parker le dijo:

– Hola, <u>soy David Parker.</u>

– Bienvenido a Costa Rica, Doctor. Me llamo Cecilio Méndez. Soy guardia de seguridad de <u>La Hacienda Amigos de las Aves.</u>

– Mucho gusto[5] Sr. Méndez. Le presento a mi hija, Makenna.

– Bienvenida a Costa Rica, Makenna. Mucho gusto.

---

[4]*bienvenido(s) - welcome*
[5]*mucho gusto - "nice to meet you"*

– Igualmente, Sr. Méndez.

El Señor Méndez les dijo:

– Todos me llaman Cecilio. Estoy a su servicio.

El Dr. Parker dijo:

They have a servant and security guard.

– Y todos me llaman David. *Doctor* es muy formal.

Cecilio les respondió:

– ¡Pura vida![6] Entonces, David y Makenna, ¿Quieren ver su casa?

– ¡Sí! –los dos respondieron.

– Cuando lleguemos, vamos a hacer un tour por la hacienda.

Cecilio puso todas sus cosas en el carro y ellos salieron del aeropuerto. Cecilio manejó[7] por la ciudad y les explicó mucho sobre la vida en Costa Rica:

– Las personas de Costa Rica se llaman

---

[6]*¡Pura vida! - Pure life! In Costa Rica, this is used as a greeting to indicate that you are doing well, as a general expression such as "ok" or "alright" and as a way of saying "goodbye."*

[7]*manejó - s/he drove*

«ticos». Hay mucha paz[8] en Costa Rica y es una democracia. No tiene dictador, tiene un presidente. Hay muy buenas escuelas en Costa Rica y el 96% de las personas pueden leer.

Makenna observing, not listening.

El Dr. Parker escuchó con atención, pero Makenna no escuchó a Cecilio. Ella miraba por la ventana y observaba todo.

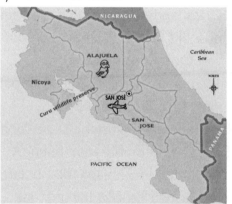

Pensó en su ciudad en Michigan y la comparó con San José. Makenna pensaba y Cecilio continuaba hablando:

– Costa Rica tiene <u>muy buenos hospitales.</u> Los doctores de Costa Rica son <u>famosos</u>

Costa Rica has good / famous hospitals.

[8]*paz - peace*

9

y muchas personas vienen a Costa Rica
por sus médicos y sus hospitales. Costa
Rica es muy pequeño, pero hay muchos
animales y plantas diferentes. Hay
muchos parques naturales, montañas,
ríos y volcanes. Por eso, el eco-turismo
es muy popular. Muchas personas vienen
a Costa Rica por una aventura ecológica.
Otras vienen a ver uno de los tres océa-
nos: el Océano Atlántico, el Mar Caribe,
y el Océano Pacífico.

Cecilio era un hombre muy simpático. No
había momentos de silencio con él. ¡Hablaba
mucho! A Makenna le gustaba la personalidad de
Cecilio. Él era un hombre muy bueno.

Cecilio también hablaba de su familia. Les
dijo que tenía una esposa llamada Lilia. Tenían
cuatro hijos y una casa pequeña que sólo tenía
dos dormitorios. Cecilio tenía tres años trabajando
en la hacienda. Antes trabajaba como jardinero en
San José. Cecilio explicó que ahora la vida era
difícil porque su mamá y papá eran viejos. Ellos
necesitaban atención.

Arrived at house

En diez minutos, llegó a Alajuela, donde estaba la hacienda. A Makenna le interesaba la hacienda. Cecilio puso todas las cosas en un carrito de golf. Entonces, él se sentó y les dijo:

– Soy chofer también. Vamos a hacer un tour por la hacienda.

Cecilio manejó por la hacienda e hizo un tour. La <u>hacienda</u> era muy <u>bonita</u>. Había muchas <u>plantas y flores bonitas</u>. También había muchos árboles[9] de diferentes variedades de frutas. Makenna vio una catedral de bambú en el jardín y Cecilio le dijo que a veces las personas se casaban[10] aquí porque era muy bonito. Había varias casas pequeñas y Makenna escuchó gritos que venían de las casas pequeñas y exclamó:

Makenna touring The Cathedral and hears a scream.

– ¡Ay caramba! ¿Quién grita?
– Ja ja ja... No es una persona que grita.

---

[9]árboles - trees
[10]se casaban - they got married

11

¡Las aves gritan!

– ¿Por qué gritan? ¿No quieren estar en las casas pequeñas?

– Gritar es su forma de comunicación. Realmente no gritan. ¡Hablan!

Estuvieron en el carrito por cinco minutos. Pasaron por la hacienda y entonces llegaron a una casa. Cecilio dijo:

– Ya llegamos. Aquí es su casa. No es grande, pero tiene de todo. En la maña-na, pueden desayunar en la casa grande. Margarita, la señora de la hacienda, pre-para el desayuno. ¡Hasta mañana!

Makenna entró en la casa. Había un dormito-rio pequeño con una cama[11], una sala[12] con un sofá y un baño pequeño. Su papá puso sus cosas en el dormitorio y le dijo a Makenna:

– Vas a dormir en el dormitorio. Tú vas a dormir en la cama y yo voy a dormir en el sofá.

– Papá, tú no vas a dormir en el sofá.

[11]*cama - bed*
[12]*sala - living room*

12

– Sí, mija, voy a dormir en el sofá. Está
   bien.

Makenna entró en el dormitorio y se sentó en
la cama. Miró por la ventana. Vio a Cecilio. Él fue
hacia la casa grande en el carrito de golf.
Makenna pensó que Cecilio era un buen hombre.
Ella imaginó que su familia era una familia muy
unida. Ella imaginó que ellos estaban muy contentos.

*Makenna lives in an area
where they travel by a golf
cart*

Capítulo 3
Una familia especial

En la mañana, Makenna decidió comer un buen desayuno y explorar la hacienda un poco. Fue a la casa grande, donde vivía Margarita y su familia. Margarita era la señora de la hacienda. Margarita era una mujer vieja y muy simpática. Sonreía todo el tiempo. Le dio un desayuno de huevos con gallo pinto[1] y mucha fruta. Makenna

[1]gallo pinto - typical dish of rice and beans

Makenna meets
Margarita's family.

miró el plato que tenía un huevo frito encima de arroz y frijoles[2] y pensó: *"¿Por qué lo llamaran gallo pinto y no lo que es? Era arroz con frijoles".* Makenna pensaba que comer arroz y frijoles para el desayuno era un poco raro, pero se comió todo: los huevos, los frijoles y el arroz. Era diferente para ella, pero le gustó.

– Gracias, Margarita. El desayuno es delicioso. ¡Me gustó la fruta!

– De nada, mi amor.

Mientras Makenna comía, Margarita le hablaba de su familia.

– Tengo una hija. Se llama Inés. Sólo tengo una hija. Quería una familia grande, pero Dios[3] tenía otros planes para mí. Estuve casada[4] con el padre de Inés por dos años y me embaracé[5]. Estábamos súper felices. Pero cuando tenía cinco meses de embarazo, ocurrió un accidente de carro y mi Manuel, el papá de Inés,

[2]*huevo frito encima de arroz y frijoles - fried egg on top of rice and beans*
[3]*Dios - God*
[4]*estuve casada - I was married*
[5]*me embaracé - I got pregnant*

[margin note: Ricardo is the property owner.]

murió. Fue una tragedia. Él nunca tuvo la oportunidad de ver a su hija. Inés tampoco tuvo la oportunidad de ver a su papá. Inés y yo vivimos solas durante dos años.

– ¿Dos años? ¿Qué pasó a los dos años?

– Cuando Inés tenía dos años, me casé[6] con Ricardo. Ricardo era el propietario de esta hacienda. Inés y yo vinimos a la hacienda para vivir con Ricardo. Ricardo es un buen hombre. Inés y Ricardo son como padre e hija. Tenemos una familia unida y contenta.

Makenna vio que Margarita estaba triste cuando hablaba de Manuel pero contenta cuando hablaba de Ricardo e Inés. Makenna pensaba en su mamá. Su mamá se había muerto joven como Manuel que se había muerto joven también. Margarita se casó[7] de nuevo, pero pensaba en Manuel y estaba triste. Makenna pensaba que posiblemente su papá iba a casarse de nuevo un día. Pero ella no pensaba que iba a llamar a otra mujer 'mamá'. Nunca. Su mamá iba a ser su

[6]me casé - I got married
[7]se casó - s/he got married

[margin note: Makenna thinks about her Mom and Manuel.]

16

mamá para siempre. Nunca iba a llamar a otra mujer *'mamá'*. Su papá podía casarse de nuevo, pero Makenna no iba a tener una mamá de nuevo.

Makenna continuaba pensando en su mamá cuando una mujer bonita entró. Ella se sentó en la mesa.

– ¡Mira! –dijo Margarita–. ¡Aquí está mi famosa hija! ¡Buenos días Inés!

– Mamá –dijo Inés–. ¿Estabas diciendo historias aburridas de mi vida otra vez?

Inés, con cuarenta y tres años, era más alta que su mamá, más flaca y tenía pelo largo. Su nariz era un poco grande pero tenía una sonrisa[8] fantástica. Tenía unas líneas cerca de la boca que indicaban que sonreía mucho.

– Tu padre es el Doctor Parker, ¿verdad? ¿El ecólogo nuevo?

– Sí, llegamos ayer.

– Después del desayuno, quiero darte un tour por la hacienda. Es un lugar muy bonito. Tú les puedes dar agua y fruta a las aves.

– Bueno, está bien.

[8] *una sonrisa - a smile*

17

Capítulo 4
Desayuno para las aves

[handwritten: Makenna and Margarita both have passed loved ones.]

Makenna fue con Inés y las dos salieron de la casa. Estaba contenta porque comió un buen desayuno y le gustó la conversación con Margarita. La mamá de Makenna se había muerto y el esposo de Margarita se había muerto también. Margarita comprendía a Makenna. Makenna pensaba que mañana iba a hablar con Margarita sobre su mamá. Margarita comprendía la situación y comprendía la tristeza[1] de Makenna.

[1]*tristeza - sadness*

18

Makenna pensaba que la situación de Inés era muy diferente de su situación. Ella vivió con su mamá por doce años. Inés nunca vivió con su papá. Era una situación muy diferente.

Inés caminó rápidamente. Había mucho trabajo que hacer. Caminaron a una casa que tenía una cocina. Había un refrigerador y una mesa grande. Había mucha fruta encima de la mesa. Inés tomó un cuchillo[2] grande y le dio otro cuchillo a Makenna. Inés cortó fruta para las aves. Makenna cortó fruta también. Cortaron mangos, plátanos, y otras frutas. Eran frutas tropicales que no tenían en Michigan. A las aves les gustaban las frutas tropicales. Cortaron la fruta por una hora. Las aves comían mucha fruta todos los días.

They cut up tropical fruit for the birds to eat

Mientras cortaban la fruta, Cecilio entró en la pequeña cocina. Cecilio tomó un mango y lo comió. Inés gritó:

Cecilio ate the mango meant for the birds

– ¡Cecilio! ¡No tomes la fruta! ¡Esta fruta es el desayuno de las aves! ¡No es para ti!

[2]*cuchillo - knife*

19

Cecelio is a nice man, Makenna comes to relize.

Inés gritó como si estuviera[3] enojada, pero realmente no lo estaba. Ella sonreía mientras gritaba. Cecilio sonreía también, mientras tomaba otra fruta. Él era un hombre muy simpático. Siempre sonreía y siempre contaba chistes. Siempre hablaba con Makenna sobre la vida en Costa Rica, su familia y las aves, y siempre le contaba chistes.

Hoy no era diferente. Cecilio les contó un chiste a Makenna e Inés y ellas se rieron. Cecilio se rió también. Entonces, Cecilio habló en serio y le dijo a Inés:

Today is the birthday of her mother.

    – Perdóname Inés, pero quería decirte que no voy a trabajar esta noche. Voy a la casa de mis padres. Hoy es el cumpleaños[4] de mi mamá. Voy a visitarla. Regreso mañana por la mañana.

    – Gracias por decírmelo, Cecilio. Creo que no vamos a tener problemas. Los perros están aquí. ¿Y, Cecilio….?

    – ¿Sí, Inés?

[3]*como si estuviera - as if she were*
[4]*cumpleaños - birthday*

– Felicita[5] a tu mamá de mi parte por favor.

– Claro, gracias.

Con una sonrisa, Cecilio les dijo: *«¡Pura vida!»* y salió. Inés le dijo a Makenna:

– Cecilio es un buen hombre. A él le importa mucho su familia. Él cuida a sus padres. También cuida a su esposa y a sus hijos. Para nosotros, los ticos, la familia es importante.

– Sí, yo veo que es un buen hombre. ¿Por qué Cecilio tiene que cuidar la hacienda por las noches? Cecilio me dijo que Costa Rica es un país[6] que no tiene problemas con criminales. No hay mucho crimen aquí.

– Sí, es verdad que Costa Rica no tiene mucho crimen, pero hay malas personas en todos los países. Hay personas que roban aves y las venden. Pero no tenemos problemas aquí. Los perros de Cecilio cuidan a las aves por la noche.

[5]*felicita - congratulate*
[6]*país - country*

21

Inés y Makenna salieron de la cocina pequeña y fueron a las casitas donde había jaulas[7] enormes. Las jaulas se llamaban *aviarios*. Entraron a
uno de los aviarios con mucha fruta. Cuando
entraron, Makenna vio que había muchas aves de
colores brillantes. En el aviario había árboles. No
era una jaula pequeña. Era un lugar grande donde
las aves podían volar[8]. Makenna e Inés pusieron
la fruta en la jaula de las aves, y las aves vinieron
a comer. Cuando volaron[9] Makenna pudo ver que
tenían plumas[10] de muchos colores: rojas, azules,
y amarillas.

Mientras comían, Makenna imaginó que las
aves eran más bonitas cuando volaban en la
selva[11].

[7]*jaulas - cages*
[8]*volar - to fly*
[9]*volaron - they flew*
[10]*plumas - feathers*
[11]*selva - jungle*

Capítulo 5
Un trabajo perfecto

Inés y Makenna trabajaron toda la mañana.
Inés le explicó que muchas aves estaban en la
hacienda porque tenían problemas. Muchas aves
estaban aquí porque habían vivído en jaulas
durante mucho tiempo y por eso, no sabían vivir
en la selva. En la hacienda, practicaban vivir en la
selva y después, iban a la selva. Algunas no sabían cuidar a sus bebés. Cuando Inés veía que eran

23

Robo en la noche

buenos padres y cuidaban bien a sus bebés, podían salir a la selva. Otras aves venían a la hacienda y todavía estaban en sus huevos. Cuando un
criminal robaba huevos de la selva y el MINAE[1]
(Ministerio de Ambiente y Energía) capturaba al
criminal, el MINAE llevaba los huevos a la hacienda. Inés cuidaba los huevos y cuidaba a las aves
cuando salían de sus huevos.

Inés escribía mucho en un papel. Tenía un
papel para cada ave. Escribía cómo estaban todos
los días, lo que comían, y lo que hacían.

Inés le preguntó a Makenna:

– ¿Piensas que trabajabar aquí es mucho
trabajo?

– No, no es mucho trabajo. Me gusta el
trabajo. En Michigan, tengo un caballo.
Los caballos son mucho trabajo también.
Quiero ver a mi caballo. Se llama
Bender.

[1]*MINAE (Ministerio de Ambiente y Energía) - Ministry
(Department) of Environment and Energy:
Governmental organization which oversees wildlife
and environmental issues in Costa Rica.*

24

– Estás triste porque tu caballo está en Michigan, ¿verdad? right

Both love animals

– Sí. Él es mi mejor[2] amigo. Hablo con él. ¿Soy tonta? stupid/silly

– No, para nada, no eres tonta. Los animales son importantes. Son nuestros amigos en la vida. No puedo imaginar mi vida sin animales.

without

Inés miró a Makenna por un momento.

– ¿Están divorciados tus padres?

– No. Mi mamá murió.

– Ay, lo siento. ¿Cuándo murió?

– Hace tres años.

Makenna pensó en su madre y en su hermana y se puso triste. Era evidente que Inés se puso triste también. Le dijo a Makenna:

thought
became

– Mi padre murió hace mucho tiempo. Ricardo no es mi padre biológico. Se casó con mi madre y me adoptó cuando yo tenía dos años. Nunca vi[3] a mi padre biológico, pero no me importa mucho. Realmente, Ricardo es mi padre. Es un

Never saw her biological father.

[2]mejor - best
[3]vi - I saw

25

buen padre.

Hubo unos momentos de silencio y entonces, Inés le preguntó a Makenna:

– ¿Sólo son tú y tu papá?

– No. Tengo una hermana, pero ella está en la universidad.

En ese momento Makenna lloró. Makenna no sabía exactamente por qué lloraba y realmente no quería llorar enfrente de Inés. No quería que Inés pensara que ella era una bebé.

Inés no dijo nada. Simplemente la abrazó[4]. Makenna agarró un tisú, cerró los ojos y no lloró más. Le dijo a Inés:

– Perdón. No sé por qué lloro.

Pero Makenna sí sabía por qué lloraba. Lloraba por su madre, lloraba por su hermana y lloraba por sus amigos. Lloraba porque estaba sola.

– No hay problema. Estoy aquí si necesitas hablar.

Inés tomó la mano de Makenna y ellas fueron a otro cuarto donde había muchas jaulas. En una

[4]la abrazó - s/he hugged her

26

jaula había cuatro aves pequeñas. Tenían ojos
muy grandes. No tenían muchas plumas y no tenían mucho color. Eran feas. Inés dijo:

   – Tengo un trabajo especial para ti. Estas
aves son bebés. Sólo tienen tres semanas. No tienen mamá. El MINAE capturó
a un criminal que tenía los huevos en
una mochila. Tres
de las aves salieron
de los huevos aquí.
¡Una de ellas salió
de su huevo en la
mochila! Ella estaba
muy mal. Estaba
aterrorizada por la
situación. Tenía
mucha hambre y tenía problemas con las
patas[5] y un ala[6]. Ella necesita mucha
atención. Tú sabes mucho ahora y tu
trabajo es cuidarla. Necesitas darle
comida en la boca. Necesitas hablarle

---

[5]patas - *legs or feet of an animal*
[6]ala - *wing*

suavemente. ¿Puedes cuidarla?

– ¡Claro! Puedo cuidarla. ¡Pura vida!

Inés no dijo nada más porque un hombre entró. Era un poco más joven que Inés y muy guapo. Makenna pensó por un momento que no quería que otra persona la mirara, especialmente un hombre guapo. Ella pensaba en su apariencia[7]: *"¡Ay! Mis ojos están muy rojos por llorar y mi ropa es horrible. ¡Estoy fea!"*.

Pero el hombre no tenía interés en hablar con Makenna. No la miró y no le habló. Sólo miró a Inés con ojos enojados. Cuando habló, su voz[8] estaba enojada también.

– ¡Inés! ¡Estoy esperándote[9]! ¡No tengo todo el día!

– Perdón, Juan Carlos, estoy hablando con Makenna. Makenna…este es mi novio, Jua…

– ¡No tengo tiempo para presentaciones! Mi tiempo es importante. Tengo mucho trabajo. No puedo esperar todo el día.

[7]apariencia - appearance
[8]voz - voice
[9]esperándote - waiting for you

28

Juan Carlos agarró del brazo a Inés y le dijo:

– ¡Vámonos!

Inés no le dijo nada a Makenna y no la miró. Con ojos tristes, Inés salió con Juan Carlos. Makenna estaba sorprendida[10] y pensaba que el novio de Inés era un bruto. Cuando Juan Carlos salió, Makenna estaba contenta.

Makenna le dio su atención a la bebé. Ella tenía ojos grandes e inocentes. Le dijo:

– Ahora eres muy fea. Pero un día vas a tener plumas brillantes. Vas a ser un ave bonita. ¿No tienes mamá? Pobrecita. No tengo mamá tampoco. Mi mamá se llamaba Michelle, así que[11] te voy a llamar Mimi, por mi mamá.

Makenna pasó dos horas hablando con la pequeña ave. Le gustaba el ave. Mimi se calmó y cerró los ojos. Makenna pensó que Mimi necesitaba una mamá. ¡Makenna podía ser su nueva mamá!

[10]*sorprendida - surprised*

[11]*así que - so*

Capítulo 6
Un trabajo importante

A la mañana siguiente, Makenna fue a la casa grande para desayunar con Margarita. Inés no estaba en la casa. Margarita hablaba del clima. Dijo que era un día muy bonito. Hacía sol y calor. Era un día perfecto. No hablaba de su esposo que había muerto, probablemente porque Ricardo estaba en la cocina. Ricardo le preguntó a Makenna:

30

– ¿Qué tal la vida aquí?

– Me gusta. Me gusta trabajar con Inés.
Tengo un trabajo especial. Cuido a una
de las aves bebés. Ella tenía las patas
malas y un ala mala, pero voy a cuidarla.
En el futuro, ella va a volar en la selva
con sus amigos.

Ricardo se rió y habló mucho de las aves.

– Pues¹... si no vuela, ella puede vivir con
nosotros. Me disgusta el hombre que la
robó. Es muy triste que haya personas
que sólo quieren dinero. No les importa la vida. No les importa la naturaleza.
Sólo les importa el dinero. Roban huevos y bebés de la selva. Venden las aves
por mucho dinero. Hay familias que
roban. Tienen generaciones de hombres
que roban. Nosotros trabajamos con el
MINAE para que no tengan la oportunidad de robar. Cuando vemos aves que
viven en la selva, las observamos. Las
guardamos y los hombres malos no

¹pues - well (conjunction)

pueden robar los huevos. Si un criminal
viene a buscar los huevos, llamamos a
los oficiales del MINAE.

Makenna podía ver que Ricardo tomaba su
trabajo muy en serio. Ricardo continuó:

– También, cuando el MINAE arresta a personas que roban huevos, el MINAE nos
da los huevos. Cuidamos los huevos.
Después de tres meses, queremos poner
las aves en la selva para darles la oportunidad de vivir independientemente.
Llevamos a las aves a la selva y las dejamos volar libres[2].

A Makenna le gustaba escuchar a Ricardo. Su
trabajo era interesante. Ahora Makenna comprendía por qué a su papá le gustaba su trabajo.

Makenna les dijo:

– Gracias por el desayuno. Ahora tengo
que salir. Tengo que darle el desayuno a
Mimi.

– ¿A Mimi? –preguntó Margarita.

Makenna sonrió y le respondió:

[2]*libres - free (pertaining to liberty, freedom)*

– Sí, a mi bebé. ¡Pura vida!

Margarita y Ricardo se rieron y Ricardo exclamó:

– ¡Ya eres una tica! ~~Costa Rican~~ ✓ It's
Costa Rican! a compliment

– Gracias, Ricardo.

Makenna salió de la casa grande y fue a las
casitas de las aves. leaves for
the birds

Capítulo 7
Robo en la noche

Makenna cortó un mango y una papaya para Mimi y caminó hacia la casa donde estaban las bebés. Mientras caminaba, oyó la voz de un hombre. Estaba hablando por teléfono. Makenna vio que era Juan Carlos. Ella vio la cara de Juan Carlos. Él sonreía. Era mucho más guapo cuando sonreía. Ella quería escuchar la conversación pero no quería que Juan Carlos la viera. Juan Carlos dijo por teléfono:

34

– Ah sí…¿Cómo se llama? Sí, muy bonita. Quiero ir. –Juan Carlos se rió–. Ja ja ja. Sí. Vamos mañana a Nicoya.

Makenna escuchó la conversación y pensó que Juan Carlos tenía otra novia. ¡Pobre Inés! Juan Carlos era más horrible que una serpiente. Makenna quería escaparse de esa situación. No quería que Juan Carlos la viera. Makenna pensó: *"Si Juan Carlos sabe que estoy escuchando su conversación, se va a enojar"*. Silenciosamente, Makenna caminó hacia la casita de las aves.

Ella vio la casita de las aves y notó que había un problema en la casita. Vio que una ventana estaba rota[1]. Ella estaba preocupada y corrió rápidamente a la casita de las aves. Abrió la puerta y entró. En la casita, todo estaba muy desordenado[2]. No vio a las bebés. Ahora Makenna estaba frenética[3]. Buscó a Mimi. No oyó nada. Había silencio. El silencio era muy raro. Normalmente las bebés gritaban mucho. Makenna no sabía

[1]*rota - broken*
[2]*desordenado - disorganized, messy*
[3]*frenética - frenetic, frantic*

35

Robo en la noche

qué hacer. De repente, ella escuchó algo debajo de la mesa. Buscó y ¡vio a Mimi! La pobre ave estaba temblando y tenía los ojos muy grandes. Makenna le dio mango, pero el ave no quería comer. Makenna estaba muy preocupada. Quería hablar con Inés pero no quería dejar a Mimi.

Makenna decidió que no podía dejar a Mimi, así que la puso dentro de una toalla[6]. Makenna fue a buscar a Inés. Caminó por la hacienda con el ave en la toalla. Estaba enfrente de la catedral de bambú cuando oyó gritos. Oyó a dos personas. Un hombre gritaba y una mujer lloraba. Eran Inés y Juan Carlos. Makenna no los miró a ellos y no dijo nada. No sabía porque Juan Carlos estaba enojado.

Por fin, Juan Carlos salió en su motocicleta. Salió rápidamente. Inés estaba llorando mucho. Makenna fue hacia la catedral. Inés miró a Makenna y sonrió un poco. Makenna sabía que no es una sonrisa sincera. Inés estaba muy triste.

– Hola Inés. ¿Hay un problema?

[4]*de repente - suddenly*
[5]*temblando - trembling, shaking*
[6]*toalla - towel*

36

– Hola Makenna. No pasa nada. Juan
Carlos tiene problemas con su trabajo.
Tiene mucho estrés.

Makenna no dijo nada. Ella pensaba que Juan
Carlos era un novio horrible. Inés miró el ave que
Makenna tenía en la toalla y le preguntó a ella:

– ¿Por qué tienes el ave en la toalla? ¿Qué
pasó?

Makenna lloró de nuevo.

– Un robo…en la casa de las aves…una
ventana está rota…las otras aves no
están…¡Desaparecieron!

Las dos corrieron a la casa de las aves. Inés
miró la casa y dijo:

– ¡Qué horror! ¿Una persona robó las
aves? ¡Qué terrible! Normalmente no
tenemos problemas aquí en la hacienda.
Pero hay actividad en el área de personas
que roban aves.

En ese momento Cecilio entró. Vio toda la
destrucción y les preguntó:

– ¿Qué pasó aquí?

---

[7] desaparecieron - they disappeared

Inés le explicó que las tres aves desaparecieron y que Makenna encontró a Mimi. Cecilio dijo:

– Qué terrible. Las aves valen[8] mucho dinero.

Inés se enojó y miró a Cecilio. Ella le dijo con voz enojada:

– No importa el dinero. Aquí nos importa la vida de las aves.

Inés estaba enojada. Miró a Cecilio con ojos enojados y Cecilio miró hacia el suelo. Él le dijo a Inés:

– Sí, claro, la vida de las aves es importante. ¿Encontró Makenna otras aves?

– No, sólo encontró a Mimi. ¡Qué tragedia! Voy a llamar al MINAE.

[8]valen - they are worth (are valued at)

Capítulo 8
Acusaciones

Makenna rushes into the house and talks to her Dad.

Makenna corrió hacia su casa. Entró en la casa rápidamente. El padre de Makenna estaba en la casa.

– ¡Papá! ¡Estás aquí! ¿No tienes que trabajar hoy?

– Sí, mija, sólo tengo unos pocos minutos. Llego tarde[1]. *late*

El papá miró la cara de su hija. Sabía que había un problema y le preguntó:

[1] tarde - late

– Makenna, ¿Qué tienes?

Makenna le explicó todo y su papá le respondió:

[handwritten: looked after]

[handwritten: cecilio wasn't there when birds were stolen]

– ¿Cecilio no cuidó a las aves anoche?

– No, papá, él fue a visitar a su mamá. Era su cumpleaños.

– Qué coincidencia. Normalmente no hay problemas, y la primera noche que Cecilio no está aquí para cuidar a las aves, hay un robo.

El Dr. Parker pensó silenciosamente por unos minutos. Entonces, pensó en voz alta:

[handwritten: None of the security were alarmed during the robbery.]

– Sí…es muy raro. ¿Es posible que había una persona que sabía que nadie cuidaba a las aves?

– No sé, papá. Cecilio habló con Inés.

– ¿Y los perros? Yo no escuché a los perros. Si una persona viene a la hacienda, nor-malmente se escuchan los perros.

– Pues, papá, ¿es posible que una persona que trabajaba en la hacienda…?

Makenna no continuó porque una persona

40

tocó a la puerta[2]. Ella caminó a la puerta y vio que Inés estaba esperando. Abrió la puerta y dijo:

– ¡Hola Inés!

Makenna miró a su papá y notó que su cara estaba diferente. Tenía la cara roja. Makenna miró a Inés de nuevo.

– Hola, Makenna. Quería hablar con tu papá. Dr. Parker, mañana voy a Curú para observar unas aves y para ver si es un buen lugar para soltar[3] más aves. Necesito su ayuda si usted puede ir.

Con la cara roja, el Dr. Parker le respondió:

– Ahhhh…ajem…pues, sí. Puedo….ah…. puedo ir.

Makenna miró a su papá y no sabía que le pasaba. Tenía problemas en ese momento. Hablaba diferente y su cara estaba roja. ¿Cuál era su problema? ¿Tenía un ataque cardíaco? ¿Por qué estaba tan nervioso?

– Makenna, –continuó Inés– tú puedes venir también si está bien con tu padre. Me puedes ayudar. Curú es el lugar

[2]tocó a la puerta - knocked on the door
[3]soltar - to leave (something), to free, to let loose

41

donde Mimi va a vivir algún[4] día. Hay un parque nacional en la Peninsula Nicoya. Está cerca del Océano Pacífico.

— Sí, me gusta la idea.

A Makenna le gustó la idea, pero ella pensó: "¿Nicoya? ¿Nicoya? Juan Carlos mencionó Nicoya a la persona con quien hablaba por teléfono, ¿no?". Nadie

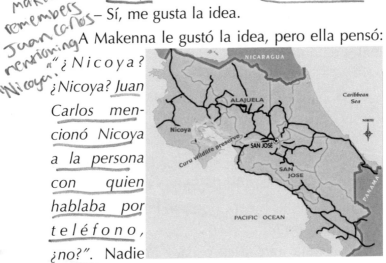

habla y entonces Inés exclamó:

— ¡Pura vida!

Inés miró al Dr. Parker otra vez, sonrió y salió. Makenna miró a su padre. Él sonrió y miró a Inés. Tenía la cara roja.

— ¿Papá? ¿Estás bien?

— Ah... sí, sí. Perfecto.

[4] algún - some

42

Capítulo 9
¡A Curú!

En la mañana, Inés, el Dr. Parker, Makenna y varias otras personas que trabajaban [worked] en la hacienda salieron para Curú en una minivan.

El Dr. Parker manejaba [managed] en silencio. Makenna no hablaba. Ella pensaba mucho en la situación con las aves robadas: "¿Quién robó a las aves? ¿Por qué no robaron a Mimi? ¿Iban a regresar a la hacienda? ¿Por qué robaban? ¿Juan Carlos iba a

43

Makenna thinks about who robbed the birds and why they did it.

Curú? ¿Por qué?".

Habían manejado por tres horas en silencio cuando su padre vio un restaurante.

– ¿Quieren comer aquí?

– ¡Sí! –respondieron todos.

– ¡Tengo hambre! –respondió Makenna.

El restaurante era un restaurante pequeño. Ese tipo[1] de restaurante en Costa Rica se llama una soda. Tenía comida típica de Costa Rica. Había varios 'casados'. Un 'casado' es carne[2], pollo[3], puerco[4] o pescado[5], arroz, frijoles, una ensalada y plátano frito[6]. Se llama 'casado' porque la carne 'se casa' con la otra comida. ¡Matrimonio en un plato! Era delicioso y no costaba mucho. Para tomar, había horchata[7]. A Makenna le gustaba, pero era muy diferente.

[1]tipo - type   [2]carne - meat

[3]pollo - chicken   [4]puerco - pork

[5]pescado - fish   [6]plátano frito - fried banana

[7]horchata - a rice drink mixed with cinnamon and sugar which is typical in Costa Rica

44

Mientras comían, Inés hablaba con Makenna.
Le preguntó:

– ¿Tienes novio, Makenna?

– No. Ya no. El año pasado fui a un baile[8]
con un chico de mi clase de matemáti-
cas, pero no éramos[9] novios. Y tú,
¿Cuánto tiempo llevas[10] con Juan Carlos?

– Llevamos dos meses juntos.

Inés continuó pero hablaba en voz muy baja:

– Pienso que él tiene otra novia. Tiene
muchos secretos. Habla por teléfono y
cuando me ve, no habla más. Cuando
yo le pregunto del trabajo, se enoja. Se
enoja mucho.

Makenna no sabía qué decir. Decidió escuchar y no decir nada. No mencionó la conversación que había escuchado ayer. Inés continuó:

– No sé. Él es más joven que yo. Yo tengo
cuarenta y tres años y él sólo tiene treinta y dos. ¿Es ridículo?

[8]baile - (a) dance (noun)
[9]éramos - we were
[10]Cuánto tiempo llevas - How long do you have with...?
(How long have you been together?)

Makenna realmente no sabía qué decir, así que ignoró la pregunta. Sí, era ridículo, pero no se lo dijo a Inés. A Makenna no le gustaba Juan Carlos para nada. Ella creía que él era una persona mala. Guapo o no, realmente era una persona fea. Ella creía que él tenía muchos secretos. Posiblemente tenía otra novia. Posiblemente tenía muchos secretos.

Makenna doesn't like Juan Carlos even if he's handsome he has an ugly personality and many secrets.

Capítulo 10
Una noche en la selva

Por fin, el grupo llegó a Curú. El parque era muy natural y muy grande. Había cabañas[1] pequeñas donde las personas podían dormir. Makenna puso su mochila en la cabaña de Inés. Inés no hablaba más de Juan Carlos y Makenna estaba contenta porque la situación la ponía nerviosa.

[1]cabañas - cabins, cottages

47

they went to the park in curu thats massive.

El padre de Makenna tocó a la puerta y Makenna salió.

– ¿Quieres caminar un poco conmigo? Voy a ver el lugar donde hay muchas aves.

– Sí papá, vamos a caminar.

Makenna y su papá caminaron por unos minutos pero no vieron a las aves. Su papá le dijo:

– Es casi de noche. No vamos a ver mucho. No hay luna[2].

A Makenna le gustaba caminar y ver los árboles. Decidió hablar con su papá.

– Papá, creo que Inés está en problemas. Me habló. Ella cree que Juan Carlos tiene otra novia. A mí no me gusta Juan Carlos. Creo que es un hombre malo. Creo que tiene secretos malos.

– Um…ahá…sí.

– ¡Papá! ¿Me escuchas?

– Ahá, sí, claro que sí. ¿Quién es Juan Carlos?

– Uy, ¡papá! Es el novio de Inés.

[2]*luna - moon*

48

¡Trabajas todo el día y no piensas en nada más que el trabajo! Tu vida es triste.

Su papá no la escuchaba. Estaba mirando una soga[3] que estaba en un árbol.

– Mira esto, Makenna.

Makenna no estaba impresionada. No le importaba una tonta soga en un árbol. Estaba enojada con su papá y le respondió sarcásticamente:

– Sí, papá. Una soga. ¿Y qué?

– Makenna, la soga indica que una persona estaba en el árbol. Nosotros no usamos sogas.

– ¿Quién estaba en ese árbol?

– Los hombres que roban los huevos de las aves usan sogas para buscar huevos en los árboles.

David pensó un momento y miró la cara de su hija.

– ¿Inés tiene novio? –le preguntó.

Makenna no le respondió. Makenna no pensaba más en los problemas de Inés. Pensaba en

[3]soga - rope

49

Their phone had no service

Mimi y el hombre misterioso que robó las aves de la hacienda.

David tomó su teléfono celular. Quería usar el teléfono pero no funcionaba. No había señal[4] *signal* telefónica, así que caminó en círculos buscando una señal fuerte. No pudo hacer una llamada, así que le dijo a Makenna:

— Vamos, Makenna. Necesito informar a las autoridades que posiblemente haya actividad en esta área. No hay señal telefónica aquí. Esta área es muy remota.

There's criminals hiding egs in the jungle

Makenna y su papá caminaron por unos minutos. Su papá quería usar el teléfono celular otra vez. Ahora tenía señal y estaba gritando en el teléfono y caminando en círculos para tener mejor recepción.

Makenna exploró un poco. Ella caminó un poco y vio algo de color rojo. Curiosa, Makenna caminó hacia el color

[4]señal - signal

Dr. Parker has to walk in circles for better reception.

rojo. Vio que era una motocicleta. Estaba escondida[5]. Ella pensó en Juan Carlos otra vez. La moto era muy similar a la moto de Juan Carlos. ¿Juan Carlos estaba aquí? Si Juan Carlos estaba con otra novia, ¿por qué estaban aquí donde estaba Inés?

Makenna estaba nerviosa y buscó a su papá. Su papá estaba hablando por teléfono:

– Hasta luego, gracias.

El papá cerró el teléfono y miró a su hija.

– Los oficiales del MINAE van a investigar la soga. Vamos, Makenna. Es tarde.

Makenna caminó con su papá pero no habló. Pensaba en la soga y en la moto.

---

[5]*escondida - hidden*

Capítulo 11
Una investigación interrumpida

Makenna regresó a su cabaña. Decidió hablar
con Inés. Inés estaba en cama y Makenna no sabía
si ella dormía o no dormía. Makenna se sentó en
la cama y le dijo en voz baja:

– Inés.

Inés se levantó rápidamente.

– ¡¿Qué pasa?!

– ¿Puedo hablar contigo? Es importante.

52

Tengo que hablar contigo de Juan Carlos.

– ¿Juan Carlos? ¿Qué pasó?

Las dos se sentaron en la cama y Makenna le explicó la situación a Inés:

– Mi padre y yo caminábamos por la selva cuando vimos una soga en un árbol. Mi padre quiso llamar a los oficiales para informarles que posiblemente había actividad de criminales. Mi padre no encontró señal telefónica y no pudo llamar con su teléfono celular. Así que... caminó buscando una señal.

– ¿Y eso, qué tiene que ver con[1] Juan Carlos?

Inés estaba impaciente y Makenna se enojó. A Makenna no le gustaba la impaciencia de Inés.

– ¡Escúchame! ¡¿Por qué no me escuchan los adultos?!

– Lo siento.

– Bueno, mi papá por fin encontró una señal y mientras hablaba por teléfono con los oficiales, yo caminé un poco. Yo

---

[1]tiene que ver con - has to do with

53

vi una moto entre los árboles. Creo que
era la moto de Juan Carlos.

– ¿Juan Carlos está aquí? No comprendo.
Juan Carlos está en San José ahora. Tiene
que trabajar.

– No sé, pero había una moto que era
exactamente como la moto que tiene
Juan Carlos. Y ayer escuché una conversación telefónica de Juan Carlos. Él dijo
que iba[3] a Nicoya.

– Makenna, ¿quieres caminar conmigo?
Necesito ver esa moto. Si Juan Carlos
está aquí, quiero saber por qué.

Inés y Makenna se levantaron y caminaron
hacia la selva. No había luna. Todo era muy
negro. Oyeron los insectos y los animalitos de la
selva. Oyeron el océano. En pocos minutos, llegaron adonde estaba la moto. Makenna tenía una
linterna[4]. No vieron nada y caminaron un poco
más. No vieron nada, pero de pronto oyeron a
unos hombres hablando.

[2]entre - between
[3]iba - s/he was going
[4]linterna - flashlight

54

– ¡Makenna! –dijo Inés urgentemente–. ¡Apaga[5] la linterna! Unos hombres vienen.

Oyeron voces, pero no oyeron la voz de Juan Carlos. Había tres voces distintas. Había una voz familiar, pero no era la de Juan Carlos. Si no era Juan Carlos, ¿quién era?

De repente, había tres linternas en las caras de Makenna e Inés.

– ¿Quiénes son ustedes? –gritó uno de los hombres.

Makenna gritó cuando Inés la agarró del brazo.

– ¡Corre! –gritó Inés.

Las dos corrieron rápidamente. Después de correr por varios minutos, Inés y Makenna no vieron las linternas.

Makenna dijo en voz baja:

– No escucho nada. ¿Quiénes eran esos hombres?

– No sé, pero es obvio que no son nuestros amigos.

[5]*apaga - turn off (command)*

— ¿Dónde estamos? ¿Dónde está la cabaña? Quiero hablar con mi papá.

— No sé. La noche es muy negra. Corrimos mucho, pero no sé cómo llegar a la cabaña.

— ¿Tú crees que Juan Carlos está con los hombres? ¿Qué quieren los hombres?

— Makenna, realmente no… ¡shhhhhhhh!

Vio unas linternas.

Las linternas se apagaron. En una voz muy baja, Inés exclamó:

— Makenna…¡corre!

Inés y Makenna corrieron pero no pudieron ver nada. En ese momento, Inés gritó. Makenna la miró a ella y ¡qué horror! Estaba en el suelo y no podía levantarse.

— Uy, Makenna. Mi pierna…uy….creo que está rota. No puedo levantarme.

— No, Inés. No es posible. ¿Qué hacemos ahora?

— Nada. Sssshhh.

En ese momento, las linternas estaban en las caras de Inés y Makenna otra vez. Makenna vio

56

que un hombre tenía un cuchillo en la mano.

— Por favor, ella tiene la pierna rota.

Ayúdenos.

Uno de los hombres respondió:

— ¡Vengan[6] con nosotros!

Otro hombre la agarró del brazo a Inés, pero ella no podía levantarse. Levantó a Inés y la llevó en sus brazos. Otro hombre agarró a Makenna del brazo y todos caminaron por la selva.

[6]*vengan - come (command)*

Capítulo 12
¡Atrapadas!

(handwritten margin note: Makenna gets taken away by the men, not far from where they were.)

Makenna e Inés caminaron con los hombres. No caminaron mucha distancia. Probablemente caminaron por quince minutos. Un hombre tenía [agarrado]¹ el brazo de Makenna. Ella no podía escaparse porque el hombre tenía un cuchillo. ¿Tenía una pistola también? Era posible. Inés no hablaba. Makenna no miraba a Inés. Inés no podía correr y no podía escaparse. Las dos esta-ban muy nerviosas. El papá de Makenna no sabía

(handwritten margin note: ¹ had hold of)

¹tenía agarrado - had hold of

Ines thought about Makenna's dad, Juan Carlos, and her broken leg.

que ellas estaban en la selva. No iba a saber que estaban capturadas hasta la mañana.

Inés pensó: "¡Qué tonta soy! Mi novio es muy joven para mí, estoy muy celosa² y ahora Makenna está en problemas y yo posiblemente tengo la pierna rota. ¿Cómo le puedo explicar la situación a su padre?".

thought

jelous

Llegaron a una cabaña pequeña. Era similar a la cabaña donde su papá probablemente dormía en ese momento. Había una cama en la cabaña pero Inés se sentó en el suelo. Makenna podía ver que Inés no estaba bien. Makenna se sentó en el suelo también. Los hombres pusieron una soga en las manos de Makenna y en las manos de Inés. No podían mover las manos. Era un poco ridículo que pusieron la soga en las manos de Inés porque ella no podía escapar con la pierna rota. Uno de los hombres se sentó en una silla. El hombre no hablaba.

The men tied rope around Makenna and Ines hands

Dos horas pasaron. El hombre que no hablaba salió. Makenna, por fin, habló con Inés.

– Inés, tengo miedo.

Two hours pass before Makenna says anything

²celosa - jealous

– Cálmate. Todo va a estar bien.

– ¿Estos hombres nos van a matar[3]?

– No, Makenna, no creo que nos vayan a matar.

– ¿Tienen pistolas?

Inés no le respondió. Tenía miedo y no sabía que decirle a Makenna. Entonces, Makenna le preguntó:

– ¿Por qué nos tienen aquí?

– No sé exactamente. Creo que son hombres que roban huevos. Tu papá llamó al MINAE, ¿verdad?

– Sí, él lo llamó.

– ¿Y cuándo vienen los oficiales para investigar la soga en el árbol?

– Creo que mi papá dijo que vienen mañana, pero no sé exactamente.

– Entonces necesitamos esperar hasta mañana.

Makenna tenía mucho miedo y lloraba silenciosamente. Pensaba en su papá y en su hermana. Con la voz temblando, le dijo a Inés:

³matar - to kill

60

– ¿Inés?

– ¿Sí?

– Juan Carlos es un hombre malo, ¿verdad?

– No sé, Makenna. Es mi novio, pero realmente no sé quién es.

– ¿Dónde está el hombre que nos cuida?

– No sé. ¿Puedes moverte más cerca? Yo puedo usar mis dientes[4] para quitar la soga de tus manos. Si tú puedes escapar, puedes ir por ayuda.

Makenna se movió un poco y puso las manos enfrente de la cara de Inés. Inés no pudo tocar la soga y le dijo:

– Makenna, mueve las manos más cerca de mi boca.

Makenna movió las manos más cerca de la boca de Inés e Inés tomó la soga con sus dientes. Trabajó con los dientes y por fin, le quitó la soga. ¡Makenna estaba libre!

– Makenna, escúchame. Corre hacia tu papá. Llama a la policía. No tengo mucho tiempo. Cuando vean que tú no

[4]dientes - teeth

61

estás, van a estar muy enojados conmigo. Necesitas llamar a la policía rápidamente.

Makenna iba a correr pero otro hombre llegó. El otro hombre se sentó en la silla y les dijo:

– ¡Silencio!

– ¡No hablamos! –Inés le respondió.

El hombre tenía una linterna. La linterna iluminó la cara del hombre.

– ¡Cecilio! –exclamó Makenna.

Makenna escondió[5] las manos porque quería esconder que ya no tenía la soga en las manos.

– Shhhhhhh! –respondió Cecilio.

– Cecilio, –dijo Makenna en voz baja– ¿estás aquí para ayudarnos?

– Lo siento, mi amiga. No estoy aquí para ayudarles. Estoy aquí porque trabajo para un hombre que vende aves. Es un hombre rico y malo. Yo le llevo las aves y él me da dinero, ¡mucho dinero! No soy una mala persona. Sólo quiero el dinero para ayudar a mi familia. No

[5]escondió - s/he hid

62

quiero problemas para mí ni para Uds.
Los otros hombres son muy malos también. No hablen con ellos. Tienen pistolas y cuchillos. Son terribles y muy peligrosos[6] Su vida no les importa a ellos.
Ellos quieren matarlas a ustedes.

Inés tenía miedo y estaba triste. No podía
creer que Cecilio era un hombre malo. Ella le respondió:

– Cecilio, ¿cómo puedes hacer esto? Es horrible. Las aves…son como mis hijas.
¡¿Fuiste tú el que las robaste de la
hacienda?! No visitaste a tu mamá la
noche del robo, ¿verdad?

– Yo robé las aves, pero no las quería
robar. Es que yo tengo que ayudar a mis
padres. No tienen dinero. Necesitan
ayuda…y, no puedo dejar el trabajo. Si
no trabajo para ellos, van a matarme. Si
yo hablo con las autoridades, me matan.

Inés lo miró con ojos tristes y Cecilio continuó
justificando sus acciones.

[6]*peligrosos - dangerous*

63

– No robé a Mimi. Yo sé que Mimi es muy importante para Makenna. No soy un hombre malo, soy un hombre desespera-do[7]. Voy a hacer un plan, pero necesito pensar.

Un hombre caminó a donde estaban Cecilio, Makenna e Inés. El hombre no dijo nada. Makenna estaba muy nerviosa porque sabía que el hombre tenía una pistola.

De repente, el hombre agarró a Cecilio y le pegó[8] en la cara. Makenna gritó y el hombre le pegó a Cecilio otra vez. Más hombres llegaron y todos gritaban. Había mucha confusión. Inés gritó:

– ¡Corre, Makenna!

Makenna se levantó y corrió rápidamente. Tenía mucho miedo y estaba muy nerviosa porque Inés estaba sola con los hombres malos. En un instante, Makenna corrió directamente a los bra-zos de un hombre.

[7]desesperado - desperate
[8]pegó - s/he hit

64

Capítulo 13
El escape

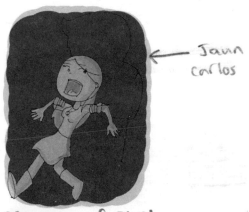

Jaun Carlos (handwritten)

Makenna sreaming for help (handwritten)

— ¡Ay! ¡Policía! ¡Papá! ¡Ayúdenme!

strong (handwritten)

Makenna gritó mucho y le pegó fuertemente
al hombre que la tenía agarrada. El hombre era
Juan Carlos. *Makenna runs into Juan Carlos* (handwritten)

— No me pegues[1] ¿Eres tonta?

— ¡Tú! Tú eres horrible. ¡Tú robas huevos

---

[1]No me pegues - Don't hit me.

65

y pobres aves indefensas! Tú eres una persona terrible.

Juan Carlos se rió.

– Ja ja ja. ¡Qué ridícula eres! No robo nada. Soy oficial del MINAE. Estoy aquí para arrestar a los hombres que roban. Y tú e Inés no me ayudan nada. ¡Mujeres!

– ¿Eres oficial del MINAE?

– Es obvio. ¿Dónde está Inés?

– Los hombres la tienen. La quieren matar.

– ¡Vámonos²!

Juan Carlos agarró a Makenna firmemente. Juan Carlos estaba con un grupo de hombres que tenían pistolas. Todos caminaron a la cabaña donde los hombres tenían a Inés capturada. De repente los hombres entraron en la cabaña gritando y moviendo las pistolas en el aire.

– ¡Nadie se mueva!

Los hombres malos salieron corriendo y Juan Carlos gritó:

– ¡No los dejen³ escaparse!

²vámonos - Let's go!; Let's get going!
³dejen - don't leave them; (Don't let them escape!)

Inés estaba muy sorprendida y exclamó:

– ¡Juan Carlos! ¿Eres tú?

– Pues, no. Soy Santa Claus. –respondió Juan Carlos sarcásticamente.

Él estaba enojado con Inés y la insultó:

– ¡Tú eres una idiota! Casi destruiste mi investigación.

– ¿Investigación? No comprendo…

– Tonta Inés. ¿No comprendes? Yo no te quiero. Estoy aquí para investigar los robos de las aves y los huevos. Trabajo para el MINAE. No te quiero y no quiero ser tu novio.

– ¿No eras sincero? ¿No soy tu novia? ¿Me usabas? ¿Para una investigación? ¡Qué horrible eres! ¡Eres un bruto!

Juan Carlos no le respondió. Sólo caminó para hablar con los otros hombres. Inés estaba llorando cuando dijo:

– ¡Las manos! ¡Tengo una soga en las manos! ¡El idiota no me ayudó!

En ese momento, llegó un hombre que ayudó

---

⁴*destruiste - you destroyed*

67

Inés is free

a Inés. Cortó la soga de las manos de Inés. Makenna vio que era su papá.

– ¡Makenna! ¡Te quiero mucho! *I love you*

El Dr. Parker abrazó a su hija fuertemente. Abrazó a Inés también. Makenna notó que su padre abrazó a Inés muy fuertemente también. Makenna no podía ver que la cara de su papá estaba roja otra vez. *He bear hugs Makenna and Inés*

returned Regresaron a la hacienda. Tenían cuatro huevos nuevos para cuidar que confiscaron de los hombres malos. Makenna le preguntó a Inés:

four new eggs *confiscated*

– ¿Qué le va a pasar a Cecilio?

– Pues, no sé. Realmente no es un hombre malo. Sólo quería ayudar a su familia. Pero lo arrestaron. Probablemente va a testificar en contra[5] de los hombres que nos capturaron. *against*

arrested

Cecilio could testify for a lighter punishment

[5]*en contra - against*

68

Capítulo 14
Adiós

Tres meses pasaron y Makenna preparó a Mimi para ir a vivir a la selva. Makenna y Mimi trabajaron todos los días y ya Makenna era experta en aves.

La pierna rota de Inés estaba mejor y ella podía caminar bien. Todos fueron a Curú para decirle 'adiós' a Mimi porque ahora podía salir de la hacienda. Era un ave grande y bonita ahora. Sus plumas eran brillantes y sus alas eran enormes.

69

Robo en la noche

Makenna sabía que era importante que Mimi saliera de la hacienda y que viviera con otras aves en la selva. Ella quería llorar porque Mimi era su amiga. Estaba triste, pero también estaba contenta porque Mimi era un ave fuerte que podía volar. Sus piernas estaban bien ahora. Ya no tenía problemas con el ala. Era perfecta ahora.

La situación en la hacienda era perfecta también. Juan Carlos ya no iba a la hacienda. Ya no era el novio de Inés. Ser la novia de Juan Carlos había sido una situación terrible y difícil para Inés, pero ahora estaba muy, muy contenta. Le gustaba trabajar con El Dr. Parker y con Makenna. También pensaba que el Dr. Parker era muy guapo. Ella notó que siempre tenía la cara roja y no hablaba mucho, pero era guapo.

En la selva de Curú, todos le dijeron 'adiós' a Mimi. Fue un día feliz y un poco triste. Todos lloraron un poco mientras Mimi voló hacia las otras aves. Mimi era la más bonita y la más grande. Miraron a Mimi por una hora y entonces salieron de la selva. Celebraron en un restaurante y regresaron a la hacienda.

Capítulo 15
¡Pura vida!

Al día siguiente, Makenna se despertó y pensó que no quería salir de la cama. Era el día del tribunal[1] de los hombres terribles que habían robado las aves y que habían querido matarlas a ella y a Inés. Inés y su papá iban también. Iban a la capital, San José. En el carro, el Dr. Parker puso la mano sobre la mano de Inés. Inés lo miró y sonrió un poco, pero tenía una cara nerviosa.

[1]tribunal - trial

Llegaron a la sala del tribunal[2] y se sentaron. Había tres hombres sentados. No eran muy grandes, y no tenían caras malas. Pero eran los hombres malos. El juez[3] llamó a Makenna y le hizo muchas preguntas. Makenna estaba nerviosa y no miró a los hombres. Habló con el juez y regresó a su silla. El juez también habló con el Dr. Parker e Inés.

Cecilio vino a la sala del tribunal también. Los hombres malos tenían caras muy enojadas cuando miraron a Cecilio. Cecilio testificó en contra de los hombres y salió. El juez decidió que los hombres iban a saber como era vivir en una jaula. Iban a pasar muchos años en la prisión.

Makenna no supo si Cecilio iba a la prisión también. Cecilio salió de la sala del tribunal con unos hombres.

Makenna, Inés y el Dr. Parker regresaron a la hacienda. Todos estaban contentos, especialmente el Dr. Parker. Él tenía una sorpresa para Makenna. ¡Era un teléfono celular!

– Tiene servicio internacional. Tú puedes

[2]*sala del tribunal - courtroom*
[3]*juez - judge*

enviar mensajes[4] de texto a tu hermana y a tus amigos.

– ¡Gracias, papá! ¡Me encanta!

Makenna sólo quería dormir, pero también quería enviar unos mensajes de texto por primera vez en tres meses.

– David, –dijo Inés– ¿no quieres caminar conmigo un poquito? Es una noche muy bonita.

La cara de David se puso completamente roja pero le dijo:

– Ah...ajem...pues...sí.

Makenna no notó la conversación porque estaba enviando mensajes de texto como una loca.

Caminaron un poco e Inés tomó la mano de David. Ellos no hablaban, sólo se miraban. Entonces, se besaron[5] románticamente.

En ese momento, Makenna recibió un mensaje de texto de su hermana. ¡Alex decía que ella iba a venir a Costa Rica para la Navidad[6]! Muy

[4]*enviar mensajes - to send messages*
[5]*se besaron - they kissed (each other)*
[6]*Navidad - Christmas*

73

how is Sabi feeling today?

emocionada, Makenna corrió para buscar a su papá. Corrió un poco cuando ¡vio a su padre besando[7] a Inés!

    – ¡Papá! –gritó con sorpresa–. ¡Perdón!

El papá miró a su hija. Otra vez tenía la cara roja y no podía hablar. Pensó que Makenna estaba enojada, pero Makenna se rió.

    – ¡Puaj! Gente vieja…¡besándose!

Todos se rieron. Pero el momento mágico estaba roto y todos estaban sorprendidos cuando una voz exclamó:

    – ¡Pura vida!

El fin

[7]*besando - kissing*

Glosario

abrazó - s/he hugged

abrió - s/he opened

actividad sísmica - seismic activity (earthquakes)

adonde - to where

agarró - s/he grabbed

agarrado - (a) hold

ahora - now

ala - wing

algo - something

algún - some

alto(s) - tall

amigos - friends

anoche - last night

años - years

apaga - turn off *(command)*

apariencia - appearance

arroz - rice

aquí - here

árboles - trees

así que - so

asientos - seats

a veces - sometimes

aves - birds

avión - airplane

ayer - yesterday

ayuda - help *(noun)*

ayudaron - they helped

ayudan - they help

ayudar - to help

ayudarles - to help them

ayudarnos - to help us

ayúdenos - help us

ayudó - s/he helped

baile - (a) dance (noun)

baja - low, short

baño - bathroom

(se) besaron - they kissed (each other)

besando - kissing

bienvenido(s) - welcome

boca - mouth

bonito(a) - pretty

brazo - arm

buscando - looking for

buscar - to look for

caballo - horse

cabañas - cabins, cottages

calor - warmth, heat

cama - bed

camina - s/he walks

caminábamos - we were walking

caminando - walking

G-1

Glosario

cara - face

carne - meat

casada - married

(se) casaron - they got married

(me) casé - I got married

casi - almost

(se) casó - s/he got married

carrito - cart

casa - house

celosa - jealous

cierra - s/he closes

ciudad - city

cocina - kitchen

come - s/he eats

comió - s/he ate

como si estuviera - as if s/he were

con - with

conmigo - with me

contigo - with you

cortaba - s/he was cutting

cortaron - they cut

cortó - s/he cut

corto - short

cosas - things

creía - s/he, I believed

creo - I believe, think

cuando - when

cuánto - how much

Cuánto tiempo llevas - How long do you have with...? (How long have you been together?)

cuarto - room

cuchillo - knife

cumpleaños - birthday

cuenta - s/he tells, counts

cuesta - it costs

cuida - s/he cares for

cuidaban - they were caring for

cuidan - they care for

cuidar - to care for, to take-care of

da - s/he gives

darte - to give to you

de - of, from

de nada - you are welcome

de nuevo - again (anew)

de repente - suddenly

debajo - under

decía - s/he, it said

dejamos - we leave alone; we let

dejar - to leave (alone)

(no) dejen... - don't let them...

dentro - inside

desaparecieron - they disappeared

desayunar - to eat breakfast

desayuno - breakfast

desesperado - desperate

desordenado - disorganized, messy

después - after

destruiste - you destroyed

día - day

dice - s/he says

diciendo - saying

dientes - teeth

difícil - difficult

dijo - s/he said

dio - s/he gave

Dios - God

donde/dónde - where

dormía - s/he, I was sleeping

dormir - to sleep

dormitorio - bedroom

duerme - s/he sleeps

edificios - buildings

ellos - them, they

(me) embaracé - I got pregnant

en - in, on

en contra - against

encima de - on top of

encontraba - s/he didn't find, wasn't finding

enfrente - in front of

(se) enojó - s/he got angry

enojada - angry

entonces - then

entre - between

enviar mensajes - to send messages

era - s/he, it was

éramos - we were

eran - they were

eres - you are

es - is

esconde - s/he hides

escondida - hidden

escuchando - listening

escucho - I listen

escuchó - s/he listened to

esperando - waiting

esperándote - waiting for you

esperar - to wait

está - s/he is

estás - you are

estaba - s/he, it was

estaba casada - s/he was married

estoy - I am

estuviera - s/he was *(subjunctive)*

estuvo - s/he, it was

felicita - congratulate

feo - ugly

flaco(a) - thin

frenética - frenetic, frantic

frijoles - beans

fue - s/he, it was

fue - s/he went

fueron - they went

fueron - they were

fuerte - strong

fuertemente - strongly, forcefully

fui - I went

fuiste - you went

gallo pinto - typical dish of rice and beans

gente - people

gritan - they shout, yell

gritando - yelling

gritaron - they shouted, yelled

gritos - shouts *(noun)*

guapo - good-looking

(le) gusta - s/he likes (it is pleasing to him/her)

(le) gustaba - s/he liked (it was pleasing to him/her)

(le) gustó - s/he liked (it was pleasing to him/her)

había - there was, there were

habla - s/he talks, speaks

hablaba - s/he was talking, speaking

hablaba - they were talking, speaking

hablar - to speak, talk

hablando - speaking, talking

habló - s/he talked, spoke

hace ___ años - ____ years ago (It's been ____ years.)

hacía ___ años - ____ years ago (It was ____ years ago.)

hacía calor - it was warm, hot

hacía sol - it was sunny

hacemos - we do, we make

hacer - to do, to make

hambre - hunger

hasta mañana - until (see you) tomorrow

hay - there is, there are

hermana - sister

hijo(s) - sons, sons and daughters

hombre - man

horchata - a rice drink mixed with cinnamon and sugar which is typical in Costa Rica

hoy - today

huevo frito - fried egg

huevo(s) - egg(s)

iba - s/he was going

ir - to go

jaulas - cages

joven - young

juez - judge

juntos- together

leer - to read

leía - s/he was reading

(se) levantó - s/he got up, s/he stood up

levantarme - to get (myself) up, to stand (myself) up

levantarse - to get (oneself) up, to stand (oneself) up

(se) levantó - s/he got up

libre - free (pertaining to liberty, freedom)

linterna - flashlight

lo siento - I am sorry

lugar - place

luna - moon

(se) llama - is called (his/her name is)

(se) llamaba - was called (his/her name was)

llegó - s/he arrived

llegamos - we arrive; we arrived

llegaron - they arrived

lleguemos - we arrive *(uncertain time of arrival)*

lleva - s/he takes, brings, carries

llevaba - s/he was taking, bringing, carrying

llevamos - we carried, brought, took

llevó - s/he carried, brought

lloraba - s/he was crying

llorando - crying

lloró - s/he cried

mal (malo/a) - bad

maneja - s/he drives

mano - hand

mañana - morning, tomorrow

más - more

matar - to kill

me encanta - it enchants me (I love it!)

mejor - best

mesa - table

meses - months

miedo - fear

mientras - while

mija - term of endearment: my daughter

MINAE (Ministerio de Ambiente y Energia) - Ministry (Department) of Environment and Energy: Governmental organization which oversees wildlife and environmental issues in Costa Rica.

mira - look *(command)*

miraba - s/he was looking at

mirando - looking at

mochila - backpack

movió - s/he moved

mucho gusto - "nice to meet you"

mueve - s/he moves

mujer - woman

(se) murió hacía tres años - she died three years ago

nadie - no one, nobody

Navidad - Christmas

necesita - s/he needs

necesitaba - s/he needed

negro(a) - black

noche - night

nosotros - we

novia - girlfriend / fiancée / bride

nuestro - our

nuevo - new

nunca - never

ojos - eyes

otra vez - again

oyó - s/he heard

oyen - they hear

oyeron - they hears

padres - parents

país - country

para - for

para que no tengan - so that they do not have

pata - leg or foot of an animal or bird

paz - peace

pega - s/he hits

pegues - you hit (Don't hit me.)

película - movie

peligrosos - dangerous

pelo - hair

pensaba - s/he was thinking

pensar - to think

pensó - s/he thought

pequeño(a) - small

pero - but

perro(s) - dog(s)

pescado - fish

plátano frito - fried banana

plumas - feathers

pobre - poor

poco - (a) little

podía - s/he could, was able

pollo - chicken

por eso - therefore, for that reason

porque - because

pregunta - a question, s/he asks

preguntó - s/he asked

preocupada - preoccupied, worried

pronto - soon

puerco - pork

pues - well (conjunction)

pudo - s/he could, was able

puede - s/he can, is able

puedo - I can, I am able

puerta - door

¡Pura vida! - Pure life! In Costa Rica, this is used as a greeting to indicate that you are doing well, as a general expression such as "ok" or "alright" and as a way of saying "goodbye."

que le pasó - what happened to him, what's wrong with him

queremos - we want

quería - s/he wanted

quién - who

¿quiénes eran? - who were they?

quiere - s/he wants

quince - fifteen

quitar - to take off

quitó - s/he took off

raro - rare or strange

regresa - s/he returns

regresar - to return

regreso - I return, I am returning

regresó - s/he returned

revista - magazine

(se) ríe - s/he laughs

Glosario

robadas - stolen (robbed)

roban - they steal

robaron - they robbed

robaste - you stole, robbed

rojas (rojo/a) - red

ropa - clothing

rota - broken

sabe - s/he knows (a fact, something)

sabía - s/he knew (a fact, something)

sala - living room

sala del tribunal - courtroom

salieron - they left

salga - s/he leaves

salieron - they left (a place)

salió - s/he left (a place)

sé - I know (a fact, something)

selva - jungle

semana - week

señal - signal

ser - to be

siempre - always

siguiente - following, next

silla - chair

simpático - nice

sin - without

soga - rope

sol - sun

soltar - to leave (something), to free, to let loose

sonríe - s/he smiles

sonrisa - a smile

sorprendida - surprised

suelo - ground / floor

sentir - to feel

sienta - s/he sits

siente - s/he feels

son - they are

soy - I am

su(s) - his, her, their

también - too, also

tampoco - neither, either

tarde - late

temblando - trembling, shaking

tenemos que ir - we have to go

tener - to have

tengo - I have

tengo que dar - I have to give

tenía - s/he had

tenía hambre - s/he had hunger (was hungry)

tenía agarrado - had hold of

tiempo - time

tiene - s/he has

tiene ___ años - s/he has ___ years; (is ___ years old)

tiene que ver con - has to do with

tienen - they have

tipo - type

toalla - towel

tocó a la puerta - s/he knocked on the door

todo - all

toma - s/he takes

tomar - to drink

tonta - silly / dumb

trabajamos - we work

trabajo - work, job

treinta y dos - thirty-two

tribunal - trial

triste - sad

tristeza - sadness

tuvo - s/he had

unida - close, united

usted - you (formal)

va - s/he goes

valen - they are worth (are valued at)

vámonos - Let's go!; Let's get going!

vamos - we go, let's go

vas - you go, you are going

vayas - you go

vea - s/he sees

vemos - we see

vean - they see *(subjunctive)*

ven - they see

venden - they sell

vengan - come *(command)*

ventana - window

veo - I see

ver - to see

verdad - true

vi - I saw

vida - life

viejo(a) - old

vienen - they come, they are coming

vieron - they saw

vio - s/he saw

vimos - we saw

vinimos - we came

vio - s/he saw

visitaste - you visited

vive - s/he lives

vivía - s/he lived, was living

vivimos - we live(d)

vivir - to live

volar - to fly

volaron - they fly

Glosario

voy - I go, am going
voz - voice
ya - already
ya no - anymore
yo - I

Robo en la noche

by
Kristy Placido

Edited by
Carol Gaab

Cover Art by
Irene Jimenez Casasnovas

Interior Illustrations by Robert Matsudaira

ISBN: 978-1-934958-57-5

Fluency Matters, P.O. Box 13409, Chandler, AZ 85248

800-877-4738

info@FluencyMatters.com • FluencyMatters.com

A NOTE TO THE READER

This novel contains basic, level-one vocabulary and countless cognates (words that are similar in two languages), making it an ideal read for beginning students.

Essential level-one vocabulary is listed in the glossary at the back of the book. Keep in mind that many verbs are listed numerous times throughout the glossary, as most are listed in various forms and tenses. (Ex.: I go, he goes, he went, etc.)

Cultural words/phrases and any vocabulary that would be considered beyond a 'novice-mid' level are footnoted at the bottom of the page where each appears. Footnoted words are also listed in the glossary.

You may have already noticed that there are two versions to this story, a past-tense version and a present-tense version. You may choose to read one or the other, or both. Whatever version you choose, we encourage you to focus on enjoying the story versus studying the tense in which it is written.

We hope you enjoy the novel! ¡Pura vida!...

Índice

TO READ THIS BOOK IN
PAST TENSE,
TURN BOOK OVER AND READ
FROM FRONT COVER.

Capítulo 1
¡A Costa Rica!

Makenna y su padre, el Dr. David Parker, abordan el avión[1] y se sientan en los asientos[2] 7E y 7F. Makenna se sienta en el asiento 7F y mira por la ventana del avión. No mira a su papá. Mira por la ventana y piensa en su hermana, Alex. Su hermana no está con ellos y Makenna está triste por eso.

Su padre se sienta en el asiento 7E, y una

[1]avión - airplane
[2]asientos - seats

mujer vieja se sienta en el asiento 7D. Makenna continúa mirando por la ventana y piensa en su hermana y en su madre.

Su padre no habla. Lee una revista[3] que se llama Bird World. No lee revistas normales como Reader's Digest o Sports Illustrated. Lee revistas muy diferentes. Lee revistas de ecología porque es ecólogo. Es experto en animales. Los humanos les causan problemas a los animales, pero el Dr. Parker piensa en soluciones. Es profesor de ecología y es especialista en el hábitat de las aves[4]. Trabajó en la Universidad de Michigan State por trece años, pero tiene un trabajo nuevo.

El trabajo nuevo está en Costa Rica. El Dr. Parker va a trabajar en Costa Rica como ecólogo. Por eso, están en el avión. Makenna no quiere ir a Costa Rica y está muy triste. Quiere estar con su hermana, que estudia en la universidad. También quiere estar con sus amigos. Su padre le dice que sus amigos pueden visitarla en Costa Rica, pero ella piensa que sus amigos no van a ir a Costa Rica.

[3]*revista - magazine*
[4]*aves - birds*

No es probable porque sus amigos no tienen mucho dinero.

Makenna quiere su teléfono celular. Normalmente, Makenna se comunica con sus amigos por textos, pero en Costa Rica no va a tener un teléfono celular. Su padre dice que puede comunicarse por el e-mail, ¡pero sus amigos no se comunican con el e-mail! En este momento, Makenna está muy, muy triste. Quiere estar con su hermana y con sus amigas.

Makenna no tiene mamá. La mamá de Makenna murió hace tres años[5], cuando Makenna tenía doce años. Murió en un accidente de carro. Makenna tiene preguntas sobre su mamá y el accidente, pero su padre no quiere hablar de su madre. No le gusta hablar de su esposa y no le gusta hablar del romance en general. La hermana de Makenna, que se llama Alex, dice que su papá necesita romance, necesita a una mujer. Él sólo tiene cuarenta y cuatro años. Es viejo, pero no muy viejo. Makenna no piensa que es una buena idea. Su papá trabaja mucho y no tiene mucho

[5]*murió hace tres años - died three years ago*

tiempo para el romance.

La situación está muy mal porque Makenna no tiene su caballo[6], Bender. Makenna no tiene otros animales aparte de su caballo. Bender es un amigo. Cuando Makenna habla, Bender escucha. Bender era[7] el caballo de su mamá y por eso, es muy especial. Su mamá lo llamó Bender porque su película[8] favorita se llamaba "The Breakfast Club". Era una película vieja. Judd Nelson era uno de los actores principales en la película y su personaje se llamaba Bender. A Makenna le gustan las películas viejas porque a su mamá le gustaban.

Cuando Makenna habla con Bender, ella imagina que su mamá escucha la conversación. Le gusta imaginar que su mamá los mira y los escucha. En este momento, Makenna mira por la ventana y piensa en todo; piensa en su mamá, su hermana, sus amigas y su caballo. Makenna no habla, sólo piensa. En el silencio, su padre le pregunta:

[6]*caballo - horse*
[7]*era - s/he was, it was*
[8]*película - movie*

4

– ¿Qué tal, mija[9]?

– No sé, papá. No quiero ir a Costa Rica.
No tengo amigos en Costa Rica.   ¿Por
qué tenemos que ir[10]?

– Mija, es una buena oportunidad para mí
profesionalmente. Y para ti también.
Vas a hablar español. Y tú vas a tener
muchos amigos cuando vayas[11] a la
escuela en septiembre.

Makenna no le responde. Sólo mira por la
ventana otra vez. Se sienta en silencio y piensa:
"Estoy completamente sola".

[9]*mija - term of endearment: my daughter*
[10]*tenemos que ir - we have to go*
[11]*vayas - you go*

Capítulo 2
Una casa nueva

Makenna mira por la ventana y ve San José, la capital de Costa Rica. Makenna nota que es una ciudad grande. Hay muchos edificios[1], pero no hay edificios altos. El padre de Makenna le explica:

> – Hay mucha actividad sísmica[2] en San José. A veces[3] la actividad sísmica es muy violenta y por eso, no hay edificios muy altos.

[1]edificios - buildings
[2]actividad sísmica - seismic activity (earthquakes)
[3]a veces - sometimes

6

A Makenna le gusta la idea de sentir actividad sísmica. Emocionada, le pregunta a su papá:

– ¿Es probable que vayamos a sentir un temblor?

El piloto interrumpe la conversación: "Bienvenidos[4] a San José".

El avión llega al aeropuerto y Makenna y su papá se bajan del avión. Entran al aeropuerto. Diez minutos pasan y finalmente, ven a un hombre que tiene un papel que dice: "Dr. Parker". El Dr. Parker le dice:

– Hola, soy David Parker.

– Bienvenido a Costa Rica, Doctor. Me llamo Cecilio Méndez. Soy guardia de seguridad para La Hacienda Amigos de las Aves.

– Mucho gusto[5] Sr. Méndez. Le presento a mi hija, Makenna.

– Bienvenida a Costa Rica, Makenna. Mucho gusto.

– Igualmente, Sr. Méndez.

El Señor Méndez les dice:

[4]*bienvenido(s) - welcome*
[5]*mucho gusto - "nice to meet you"*

7

– Todos me llaman Cecilio. Estoy a su servicio.

El Dr. Parker dice:

– Y todos me llaman David. *Doctor* es
muy formal.

Cecilio les responde:

– ¡Pura vida![6] Entonces, David y Makenna,
¿Quieren ver su casa?

– ¡Sí! –los dos responden.

– Cuando lleguemos, vamos a hacer un
tour de la hacienda.

Cecilio pone todas sus cosas en el carro y
ellos salen del aeropuerto. Cecilio maneja[7] por la
ciudad y les explica mucho sobre la vida en Costa
Rica:

– Las personas de Costa Rica se llaman
«ticos». Hay mucha paz[8] en Costa Rica
y es una democracia. No tiene dictador,
tiene un presidente. Hay muy buenas

[6]*¡Pura vida! - Pure life! In Costa Rica, this is used as a
greeting to indicate that you are doing well, as a general expression such as "ok" or "alright" and as a way of
saying "goodbye."*
[7]*maneja - s/he drives*   [8]*paz - peace*

escuelas en Costa Rica y el 96% de las personas pueden leer.

El Dr. Parker escucha con atención, pero Makenna no le escucha a Cecilio. Ella mira por la ventana y observa todo.

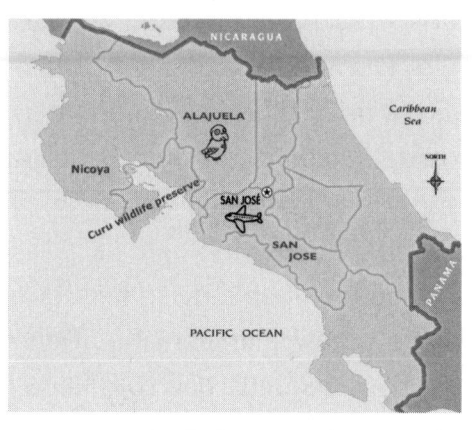

Piensa en su ciudad en Michigan y la compara con San José. Makenna piensa y Cecilio continúa hablando:

> – Costa Rica tiene muy buenos hospitales. Los doctores de Costa Rica son famosos y muchas personas vienen a Costa Rica por sus médicos y sus hospitales. Costa Rica es muy pequeño, pero hay muchos animales y plantas diferentes. Hay

9

muchos parques naturales, montañas,
ríos y volcanes. Por eso, el eco-turismo
es muy popular. Muchas personas vienen
a Costa Rica por una aventura ecológica.
Otras vienen a ver uno de los tres océa-
nos: el Océano Atlántico, el Mar Caribe,
y el Océano Pacífico.

Cecilio es un hombre muy simpático. No hay
momentos de silencio con él. ¡Habla mucho! A
Makenna le gusta la personalidad de Cecilio. Él es
un hombre muy bueno.

Cecilio también habla de su familia. Les dice
que tiene una esposa llamada Lilia. Tienen cuatro
hijos y una casa pequeña que sólo tiene dos dormitorios. Cecilio tiene tres años trabajando en la
hacienda. Antes trabajaba como jardinero en San
José. Cecilio explica que ahora la vida es difícil
porque su mamá y papá son viejos. Ellos necesitan
atención.

En diez minutos, llegan a Alajuela, donde está
la hacienda. A Makenna le interesa la hacienda.
Cecilio pone todas las cosas en un carrito de golf.
Entonces, él se sienta y les dice:

– Soy chofer también. Vamos a hacer un
tour de la hacienda.

Cecilio maneja por la
hacienda y hace un tour.
La hacienda es muy boni-
ta. Hay muchas plantas y
flores bonitas. También
hay muchos árboles⁹ de
diferentes variedades de
frutas. Makenna ve una
catedral de bambú en el
jardín y Cecilio le dice
que a veces las personas se casan¹⁰ aquí porque es
muy bonito. Hay varias casas pequeñas y
Makenna escucha gritos que vienen de las casas
pequeñas y exclama:

– ¡Ay caramba! ¿Quién grita?
– Ja ja ja... No es una persona que grita.
¡Las aves gritan!
– ¿Por qué gritan? ¿No quieren estar en las
casas pequeñas?
– Gritar es su forma de comunicación.

⁹árboles - trees
¹⁰se casan - they get married

11

Realmente no gritan. ¡Hablan!

Están en el carrito por cinco minutos. Pasan por la hacienda y entonces llegan a una casa. Cecilio dice:

– Ya llegamos. Aquí es su casa. No es grande, pero tiene de todo. En la maña-na, pueden desayunar en la casa grande. Margarita, la señora de la hacienda, pre-para el desayuno. ¡Hasta mañana!

Makenna entra en la casa. Hay un dormitorio pequeño con una cama[11], una sala[12] con un sofá y un baño pequeño. Su papá pone sus cosas en el dormitorio y le dice a Makenna:

– Vas a dormir en el dormitorio. Tú vas a dormir en la cama y yo voy a dormir en el sofá.

– Papá, tú no vas a dormir en el sofá.

– Sí, mija, voy a dormir en el sofá. Está bien.

Makenna entra en el dormitorio y se sienta en la cama. Mira por la ventana. Ve a Cecilio. Él va

[11]cama - *bed*
[12]sala - *living room*

12

hacia la casa grande en el carrito de golf. Makenna piensa que Cecilio es un buen hombre. Ella imagina que su familia es una familia muy unida. Ella imagina que ellos están muy contentos.

Capítulo 3
Una familia especial

En la mañana, Makenna decide comer un buen desayuno y explorar la hacienda un poco. Va a la casa grande, donde vive Margarita y su familia. Margarita es la señora de la hacienda. Margarita es una mujer vieja y muy simpática. Sonríe todo el tiempo. Le da un desayuno de huevos con gallo pinto[1] y mucha fruta. Makenna mira el plato que tiene un huevo frito encima de arroz

[1] *gallo pinto - typical dish of rice and beans*

y frijoles² y piensa: "¿Por qué lo llaman gallo pinto y no lo que es? Es arroz con frijoles". Makenna piensa que comer arroz y frijoles para el desayuno es un poco raro, pero come todo: los huevos, los frijoles y el arroz. Es diferente para ella, pero a ella le gusta.

> – Gracias, Margarita. El desayuno es muy delicioso. ¡Me gusta la fruta!
>
> – De nada, mi amor.

Mientras Makenna come, Margarita le habla de su familia.

> – Tengo una hija. Se llama Inés. Sólo tengo una hija. Quería una familia grande, pero Dios³ tenía otros planes para mí. Estaba casada⁴ con el padre de Inés por dos años y me embaracé⁵. Estábamos súper felices. Pero cuando tenía cinco meses del embarazo, ocurrió un accidente de carro y mi Manuel, el papá de Inés,

²*huevo frito encima de arroz y frijoles - fried egg on top of rice and beans*
³*Dios - God*
⁴*estaba casada - s/he was married*
⁵*me embaracé - I got pregnant*

15

se murió. Fue una tragedia. Él nunca
tuvo la oportunidad de ver a su hija. Inés
tampoco tuvo la oportunidad de ver a su
papá. Inés y yo vivimos solas durante dos
años.

– ¿Dos años? ¿Qué pasó a los dos años?

– Cuando Inés tenía dos años, me casé[6]
con Ricardo. Ricardo era el propietario
de esta hacienda. Inés y yo vinimos a la
hacienda para vivir con Ricardo. Ricardo
es un buen hombre. Inés y Ricardo son
como padre e hija. Tenemos una familia
unida y contenta.

Makenna ve que Margarita está triste cuando
habla de Manuel pero contenta cuando habla de
Ricardo e Inés. Makenna piensa en su mamá. Su
mamá se murió joven como Manuel que se murió
joven también. Margarita se casó[7] de nuevo, pero
piensa en Manuel y está triste. Makenna piensa
que posiblemente su papá va a casarse de nuevo
un día. Pero ella no piensa que va a llamar a otra
mujer "mamá". Nunca. Su mamá va a ser su

[6]*me casé - I got married*
[7]*se casó - s/he got married*

16

mamá para siempre. Nunca va a llamar a otra mujer "mamá". Su papá puede casarse de nuevo, pero Makenna no va a tener una mamá de nuevo.

Makenna continúa pensando en su mamá cuando una mujer bonita entra. Ella se sienta a la mesa.

> – ¡Mira! –dice Margarita–. ¡Aquí está la famosa hija mía! ¡Buenos días Inés!
>
> – Mamá –dice Inés–. ¿Estás diciendo historias aburridas de mi vida otra vez?

Inés, con cuarenta y tres años, es más alta que su mamá, más flaca y tiene pelo largo. Su nariz es un poco grande pero tiene una sonrisa[8] fantástica. Tiene unas líneas cerca de la boca que indican que sonríe mucho.

> – Tu padre es el Doctor Parker, ¿verdad? ¿El ecólogo nuevo?
>
> – Sí, llegamos ayer.
>
> – Después del desayuno, quiero darte un tour de la hacienda. Es un lugar muy bonito. Tú les puedes dar agua y fruta a las aves.
>
> – Bueno, está bien.

[8]*una sonrisa - a smile*

17

Capítulo 4
Desayuno para las aves

Makenna va con Inés cuando sale de la casa. Está contenta porque comió un buen desayuno y le gustó la conversación con Margarita. La mamá de Makenna se murió y el esposo de Margarita se murió también. Margarita comprende a Makenna. Makenna piensa que mañana va a hablar con Margarita sobre su mamá. Margarita comprende la situación y comprende la tristeza[1] de Makenna.

Makenna piensa que la situación de Inés es

[1] *tristeza - sadness*

muy diferente de su situación. Ella vivió con su mamá por doce años. Inés nunca vivió con su papá. Es una situación muy diferente.

Inés camina rápidamente. Hay mucho trabajo que hacer. Caminan a una casa que tiene una cocina. Hay un refrigerador y una mesa grande. Hay mucha fruta encima de la mesa. Inés toma un cuchillo[2] grande y le da otro cuchillo a Makenna. Inés corta fruta para las aves. Makenna corta fruta también. Cortan mangos, plátanos, y otras frutas. Son frutas tropicales que no tienen en Michigan. A las aves les gustan las frutas tropicales. Cortan la fruta por una hora. Las aves comen mucha fruta todos los días.

Mientras cortan la fruta, Cecilio entra en la pequeña cocina. Cecilio toma un mango y lo come. Inés grita:

– ¡Cecilio! ¡No tomes la fruta! ¡Esta fruta es el desayuno de las aves! ¡No es para ti!

Inés pretende estar enojada, pero realmente no lo está. Ella sonríe mientras grita. Cecilio

[2]*cuchillo - knife*

19

sonríe también, mientras toma otra fruta. Él es un hombre muy simpático. Siempre sonríe y siempre cuenta chistes. Siempre habla con Makenna sobre la vida en Costa Rica, su familia, y las aves y siempre le cuenta chistes.

Hoy no es diferente. Cecilio les cuenta un chiste a Makenna e Inés y ellas se ríen. Cecilio se ríe también. Entonces, Cecilio habla en serio y le dice a Inés:

> — Perdóname Inés, pero quería decirte que no voy a trabajar esta noche. Voy a la casa de mis padres. Hoy es el cumpleaños[3] de mi mamá. Voy a visitarla. Regreso mañana por la mañana.
> — Gracias por decírmelo, Cecilio. Creo que no vamos a tener problemas. Los perros están aquí. ¿Y, Cecilio….?
> — ¿Sí, Inés?
> — Felicita[4] a tu mamá de mi parte por favor.
> — Claro, gracias.

Con una sonrisa, Cecilio les dice: "¡Pura

[3]*cumpleaños - birthday*
[4]*felicita - congratulate*

vida!" y sale. Inés le dice a Makenna:

> – Cecilio es un buen hombre. A él le
> importa mucho su familia. Él cuida a sus
> padres. También cuida a su esposa y a
> sus hijos. Para nosotros, los ticos, la fami-
> lia es importante.

> – Sí, yo veo que es un buen hombre. ¿Por
> qué Cecilio tiene que cuidar la hacienda
> por las noches? Cecilio me dijo que
> Costa Rica es un país[5] que no tiene pro-
> blemas con criminales. No hay mucho
> crimen aquí.

> – Sí, es verdad que Costa Rica no tiene
> mucho crimen, pero hay malas personas
> en todos los países. Hay personas que
> roban aves y las venden. Pero no tene-
> mos problemas aquí. Los perros de
> Cecilio cuidan a las aves por la noche.

Inés y Makenna salen de la cocina pequeña y
van a las casitas donde hay jaulas[6] enormes. Las
jaulas se llaman *aviarios*. Entran a uno de los

[5]*país - country*
[6]*jaulas - cages*

aviarios con mucha fruta. Cuando entran, Makenna ve que hay muchas aves de colores brillantes. En el aviario hay árboles. No es una jaula pequeña. Es un lugar grande donde las aves pueden volar[7]. Makenna e Inés ponen la fruta en la jaula de las aves, y las aves vienen a comer. Cuando vuelan[8] Makenna puede ver que tienen plumas[9] de muchos colores: rojas, azules, y amarillas.

Mientras comen, Makenna imagina que las aves son más bonitas cuando vuelan en la selva[10].

[7]*volar - to fly*
[8]*vuelan - they fly*
[9]*plumas - feathers*
[10]*selva - jungle*

22

Capítulo 5
Un trabajo perfecto

Inés y Makenna trabajan toda la mañana. Inés explica que muchas aves están en la hacienda porque tienen problemas. Muchas aves están aquí porque vivían en jaulas durante mucho tiempo y por eso, no saben vivir en la selva. En la hacienda, practican vivir en la selva y después, van a la selva. Algunas no saben cuidar a sus bebés. Cuando Inés ve que son buenos padres y cuidan

bien a sus bebés, pueden salir a la selva. Otras aves vienen a la hacienda y todavía están en sus huevos. Cuando un criminal roba huevos de la selva y el MINAE[1] (Ministerio de Ambiente y Energía) captura al criminal, el MINAE lleva los huevos a la hacienda. Inés cuida los huevos y cuida a las aves cuando salen de sus huevos.

Inés escribe mucho en un papel. Tiene un papel para cada ave. Escribe cómo están todos los días, lo que comen, y lo que hacen.

Inés le pregunta a Makenna:

– ¿Piensas que trabajar aquí es mucho trabajo?

– No, no es mucho trabajo. Me gusta el
trabajo. En Michigan, tengo un caballo.
Los caballos son mucho trabajo también.
Quiero ver a mi caballo. Se llama
Bender.

– Estás triste porque tu caballo está en
Michigan, ¿verdad?

[1]*MINAE (Ministerio de Ambiente y Energía) - Ministry
(Department) of Environment and Energy:
Governmental organization which oversees wildlife
and environmental issues in Costa Rica.*

– Sí. Él es mi mejor[2] amigo. Hablo con él.
¿Soy tonta?

– No, para nada, no eres tonta. Los animales son importantes. Son nuestros
amigos en la vida. No puedo imaginar
mi vida sin animales.

Inés mira a Makenna por un momento.

– ¿Están divorciados tus padres?

– No. Mi mamá se murió.

– Ay, lo siento. ¿Cuándo se murió?

– Hace tres años.

Makenna piensa en su madre y en su hermana y se pone triste. Es evidente que Inés se pone
triste también. Le dice a Makenna:

– Mi padre se murió hace mucho tiempo.
Ricardo no es mi padre biológico. Se
casó con mi madre y me adoptó cuando
yo tenía dos años. Nunca vi[3] a mi padre
biológico, pero no me importa mucho.
Realmente, Ricardo es mi padre. Es un
buen padre.

[2]*mejor - best*
[3]*vi - I saw*

25

Hay unos momentos de silencio y entonces, Inés le pregunta a Makenna:

– ¿Sólo son tú y tu papá?

– No. Tengo una hermana, pero ella está en la universidad.

En este momento Makenna llora. Makenna no sabe exactamente por qué llora y realmente no quiere llorar enfrente de Inés. No quiere que Inés piense que ella es una bebé.

Inés no dice nada. Simplemente la abraza[4]. Makenna agarra un tisú, cierra los ojos y no llora más. Le dice a Inés:

– Perdón. No sé por qué lloro.

Pero Makenna sí sabe por qué llora. Llora por su madre, llora por su hermana y llora por sus amigos. Llora porque está sola.

– No hay problema. Estoy aquí si necesitas hablar.

Inés toma la mano de Makenna y ellas van a otro cuarto donde hay muchas jaulas. En una jaula hay cuatro aves pequeñas. Tienen ojos muy grandes. No tienen muchas plumas y no tienen

[4]*abraza - s/he hugs*

mucho color. Son feas. Inés dice:

– Tengo un trabajo especial para ti. Estas aves son bebés. Sólo tienen tres semanas. No tienen mamá. El MINAE capturó a un criminal que tenía los huevos en una mochila. Tres de las aves salieron de los huevos aquí. ¡Una de ellas salió de su huevo en la mochila! Ella está muy mal. Estaba aterrorizada por la situación. Tenía mucha hambre y  tenía problemas con las piernas y un ala[5]. Ella necesita mucha atención. Tú sabes mucho ahora y tu trabajo es cuidarla. Necesitas darle comida en la boca. Necesitas hablarle suavemente. ¿Puedes cuidarla?

– ¡Claro! Puedo cuidarla. ¡Pura vida!

[5]*ala - wing*

27

Inés no dice nada más porque un hombre entra. Es un poco más joven que Inés y muy guapo. Makenna piensa por un momento que no quiere que otra persona la mire, especialmente un hombre guapo. Ella piensa en su apariencia[6]: "¡Ay! Mis ojos están muy rojos por llorar y mi ropa es horrible. ¡Estoy fea!".

Pero el hombre no tiene interés en hablar con Makenna. No la mira y no le habla. Sólo mira a Inés con ojos enojados. Cuando habla, su voz[7] está enojada también.

- ¡Inés! ¡Estoy esperándote[8]! ¡No tengo todo el día!
- Perdón, Juan Carlos, estoy hablando con Makenna. Makenna…este es mi novio, Jua…
- ¡No tengo tiempo para presentaciones! Mi tiempo es importante. Tengo mucho trabajo. No puedo esperar todo el día.

Juan Carlos la agarra del brazo a Inés y le dice:

- ¡Vamos!

[6]*apariencia - appearance*
[7]*voz - voice*
[8]*esperándote - waiting for you*

28

Inés no le dice nada a Makenna y no la mira. Con ojos tristes, Inés sale con Juan Carlos. Makenna está sorprendida[9] y piensa que el novio de Inés es un bruto. Cuando Juan Carlos sale, Makenna está contenta.

Makenna le da su atención a la bebé. Ella tiene ojos grandes e inocentes. Le dice:

> – Ahora eres muy fea. Pero un día vas a tener plumas brillantes. Vas a ser un ave bonita. ¿No tienes mamá? Pobrecita.
> No tengo mamá tampoco. Mi mamá se llamaba Michelle, así que[10] te voy a llamar Mimi, por mi mamá.

Makenna pasa dos horas hablando con la pequeña ave. Le gusta el ave. Mimi se calma y cierra los ojos. Makenna piensa que Mimi necesita una mamá. ¡Makenna puede ser su nueva mamá!

---

[9]*sorprendida - surprised*
[10]*así que - so*

Capítulo 6
Un trabajo importante

A la mañana siguiente, Makenna va a la casa grande para desayunar con Margarita. Inés no está en la casa. Margarita habla del clima. Dice que es un día muy bonito. Hace sol y calor. Es un día perfecto. No habla de su esposo que se murió, probablemente porque Ricardo está en la cocina. Ricardo le pregunta a Makenna:

– ¿Qué tal la vida aquí?

– Me gusta. Me gusta trabajar con Inés.
Tengo un trabajo especial. Cuido a una
de las aves bebés. Ella tiene las piernas
malas y un ala mala, pero voy a cuidarla.
En el futuro, ella va a volar en la selva
con sus amigos.

Ricardo se ríe y habla mucho de las aves.

– Pues[1]… si no vuela, ella puede vivir con
nosotros. Me disgusta el hombre que la
robó. Es muy triste que hay personas
que sólo quieren el dinero. No les
importa la vida. No les importa la naturaleza. Sólo les importa el dinero.
Roban huevos y bebés de la selva.
Venden las aves por mucho dinero. Hay
familias que roban. Tienen generaciones
de hombres que roban. Nosotros trabajamos con el MINAE para que no tengan
la oportunidad de robar. Cuando vemos
aves que viven en la selva, las observamos. Las guardamos y los hombres

[1]pues - well (conjunction)

malos no pueden robar los huevos. Si
un criminal viene a buscar los huevos,
llamamos a los oficiales del MINAE.

Makenna puede ver que Ricardo toma su trabajo muy en serio. Ricardo continúa:

– También, cuando el MINAE arresta a personas que roban huevos, el MINAE nos
da los huevos. Cuidamos los huevos.
Después de tres meses, queremos poner
las aves en la selva para darles la oportunidad de vivir independientemente.
Llevamos a las aves a la selva y las dejamos volar libre[2].

A Makenna le gusta escuchar a Ricardo. Su
trabajo es interesante. Ahora Makenna comprende por qué a su papá le gusta su trabajo.

Makenna les dice:

– Gracias por el desayuno. Ahora tengo
que salir. Tengo que dar el desayuno a
Mimi.

– ¿A Mimi? –pregunta Margarita.

Makenna sonríe y le responde:

[2]*libre - free (pertaining to liberty, freedom)*

32

– Sí, a mi bebé. ¡Pura vida!

Margarita y Ricardo se ríen y Ricardo exclama:

– ¡Ya eres una tica!

– Gracias, Ricardo.

Makenna sale de la casa grande y va a las casitas de las aves.

Capítulo 7
Robo en la noche

Makenna corta un mango y una papaya para Mimi y camina hacia la casa donde están los bebés. Mientras camina, oye la voz de un hombre. Está hablando por teléfono. Makenna ve que es Juan Carlos. Ella ve la cara de Juan Carlos. Él sonríe. Es mucho más guapo cuando sonríe. Ella quiere escuchar la conversación pero no quiere que Juan Carlos la vea. Juan Carlos dice por teléfono:

– Ah sí…¿Cómo se llama? Sí, muy bonita.

Quiero ir. –Juan Carlos se ríe–. Ja ja ja.

Sí. Vamos mañana a Nicoya.

Makenna escucha la conversación y piensa que Juan Carlos tiene otra novia. ¡Pobre Inés! Juan Carlos es más horrible que una serpiente. Makenna quiere escaparse de esta situación. No quiere que Juan Carlos la vea. Makenna piensa: "Si Juan Carlos sabe que estoy escuchando su conversación, va a estar enojado". Silenciosamente, Makenna camina hacia la casita de las aves.

Ella ve la casita de las aves y nota que hay un problema en la casita. Ve que una ventana está rota[1]. Ella está preocupada y corre rápidamente a la casita de las aves. Abre la puerta y entra. En la casita, todo está muy desordenado[2]. No ve a los bebés. Ahora Makenna está frenética[3]. Busca a Mimi. No oye nada. Hay silencio. El silencio es muy raro. Normalmente los bebés gritan mucho. Makenna no sabe qué hacer. De repente[4], ella

[1]*rota - broken*
[2]*desordenado - disorganized, messy*
[3]*frenética - frenetic, frantic*
[4]*de repente - suddenly*

escucha algo debajo de la mesa. Busca y ¡ve a Mimi! La pobre ave está temblando⁵ y tiene los ojos muy grandes. Makenna le da mango, pero el ave no quiere comer. Makenna está muy preocupada. Quiere hablar con Inés pero no quiere dejar a Mimi.

Makenna decide que no puede dejar a Mimi, así que la pone dentro de una toalla⁶. Makenna va a buscar a Inés. Camina por la hacienda con el ave en la toalla. Está enfrente de la catedral de bambú cuando oye gritos. Oye a dos personas. Un hombre grita y una mujer llora. Son Inés y Juan Carlos. Makenna no los mira a ellos y no dice nada. No sabe por qué Juan Carlos está enojado.

Por fin, Juan Carlos sale en su motocicleta. Sale rápidamente. Inés está llorando mucho. Makenna va hacia la catedral. Inés mira a Makenna y sonríe un poco. Makenna sabe que no es una sonrisa sincera. Inés está muy triste.

– Hola Inés. ¿Hay un problema?

⁵*temblando - trembling, shaking*
⁶*toalla - towel*

36

– Hola Makenna. No pasa nada. Juan
    Carlos tiene problemas con su trabajo.
    Tiene mucho estrés.

Makenna no dice nada. Ella piensa que Juan
Carlos es un novio horrible. Inés mira el ave que
Makenna tiene en la toalla.

Inés dice:

– ¿Por qué tienes el ave en la toalla? ¿Qué
    pasa?

Makenna llora de nuevo.

– Un robo…en la casa de las aves…una
    ventana está rota…las otras aves no
    están…¡Desaparecieron[7]!

Las dos corren a la casa de las aves. Inés mira
la casa y dice:

– ¡Qué horror! ¿Una persona robó las
    aves? ¡Qué terrible! Normalmente no
    tenemos problemas aquí en la hacienda.
    Pero hay actividad en el área de personas
    que roban aves.

En este momento Cecilio entra. Ve toda la
destrucción y dice:

[7]desaparecieron - *they disappeared*

– ¿Qué pasó aquí?

Inés le explica que las tres aves desaparecieron y que Makenna encontró a Mimi. Cecilio dice:

– Qué terrible. Las aves valen[8] mucho dinero.

Inés se enoja y mira a Cecilio. Ella le dice en voz enojada:

– No importa el dinero. Aquí nos importan las vidas de las aves.

Inés está enojada. Mira a Cecilio con ojos enojados y Cecilio mira el suelo. Él le dice a Inés:

– Sí, claro, las vidas de las aves son importantes. ¿Encontró Makenna a otras aves?

– No, sólo encontró a Mimi. ¡Qué tragedia! Voy a llamar al MINAE.

[8]valen - they are worth (are valued at)

Capítulo 8
Acusaciones

Makenna corre hacia su casa. Entra en la casa rápidamente. El padre de Makenna está en la casa.

– ¡Papá! ¡Estás aquí! ¿No tienes que trabajar hoy?

– Sí, mija, sólo tengo unos pocos minutos. Llego tarde[1].

El papá mira la cara de su hija. Sabe que hay un problema y le pregunta:

– Makenna, ¿Qué tienes?

[1] tarde - late

Makenna le explica todo y su papá le responde:

– ¿Cecilio no cuidó a las aves anoche?
– No, papá, él fue a visitar a su mamá. Era su cumpleaños.
– Qué coincidencia. Normalmente no hay problemas, y la primera noche que Cecilio no está aquí para cuidar a las aves, hay un robo.

El Dr. Parker piensa silenciosamente por unos minutos. Entonces, piensa en voz alta:

– Sí…es muy raro. ¿Es posible que haya una persona que sabía que nadie cuidaba a las aves?
– No sé, papá. Cecilio habló con Inés.
– ¿Y los perros? Yo no escuché a los perros. Si una persona viene a la hacienda, normalmente se escucha a los perros.
– Pues, papá, ¿es posible que una persona que trabaja en la hacienda…?

Makenna no continúa porque una persona toca a la puerta². Ella camina a la puerta y ve que

²*toca a la puerta - knocks on the door*

40

Inés está esperando. Abre la puerta y dice:

– ¡Hola Inés!

Makenna mira a su papá y nota que su cara es diferente. Tiene la cara roja. Makenna mira a Inés de nuevo.

> – Hola, Makenna. Quería hablar con tu
> papá. Dr. Parker, mañana voy a Curú
> para observar unas aves y para ver si es
> un buen lugar para soltar[3] más aves.
> Necesito su ayuda si usted puede ir.

Con la cara roja, el Dr. Parker le responde:

– Ahhhh…ajem…pues, sí. Puedo….ah…. puedo ir.

Makenna mira a su papá y no sabe qué le pasa. Tiene problemas en este momento. Habla diferente y su cara está roja. ¿Cuál es su problema? ¿Tiene un ataque cardíaco? ¿Por qué está tan nervioso?

> – Makenna, –continúa Inés– tú puedes
> venir también si está bien con tu padre.
> Me puedes ayudar. Curú es el lugar
> donde Mimi va a vivir algún[4] día. Hay

[3]soltar - to leave (something), to free, to let loose
[4]algún - some

41

un parque nacional en la Peninsula
Nicoya. Está cerca del Océano Pacífico.

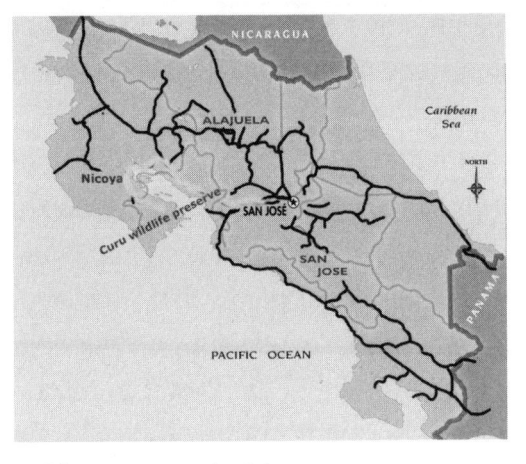

– Sí, me gusta la idea.

A Makenna le gusta la idea, pero ella piensa:
"¿Nicoya? ¿Nicoya? Juan Carlos mencionó Nicoya
a la persona con quien hablaba por teléfono,
¿no?". Nadie habla y entonces Inés exclama:

– ¡Pura vida!

Inés mira al Dr. Parker otra vez, sonríe y sale.

Makenna mira a su padre. Él sonríe y mira a
Inés. Tiene la cara roja,

– ¿Papá? ¿Estás bien?

– Ah... sí, sí. Perfecto.

42

Capítulo 9
¡A Curú!

En la mañana, Inés, el Dr. Parker, Makenna y varias otras personas que trabajan en la hacienda salen para Curú en una minivan.

El Dr. Parker maneja en silencio. Makenna no habla. Ella piensa mucho en la situación con las aves robadas: "¿Quién robó a las aves? ¿Por qué no robaron a Mimi? ¿Van a regresar a la hacienda? ¿Por qué roban? ¡Juan Carlos va a Curú? ¿Por

qué?".

Manejan por tres horas en silencio cuando su padre ve un restaurante.

– ¿Quieren comer aquí?

– ¡Sí! –responden todos.

– ¡Tengo hambre! –responde Makenna.

El restaurante es un restaurante pequeño. Este tipo[1] de restaurante en Costa Rica se llama una soda. Tiene comida típica de Costa Rica. Hay varios *'casados'*. Un *'casado'* es carne[2], pollo[3], puerco[4] o pescado[5], arroz, frijoles, una ensalada y plátano frito[6]. Se llama *'casado'* porque la carne *'se casa'* con la otra comida. ¡Matrimonio en un plato! Es delicioso y no cuesta mucho. Para tomar, hay horchata[7]. A Makenna le gusta, pero es muy diferente.

Mientras comen, Inés habla con Makenna. Le pregunta:

– ¿Tienes novio, Makenna?

[1]*tipo - type* [2]*carne - meat*
[3]*pollo - chicken* [4]*puerco - pork*
[5]*pescado - fish* [6]*plátano frito - fried banana*
[7]*horchata - a rice drink mixed with cinnamon and sugar which is typical in Costa Rica*

– No. Ya no. El año pasado fui a un baile[8]
con un chico de mi clase de matemáti-
cas, pero no éramos[9] novios. Y tú,
¿Cuánto tiempo llevas[10] con Juan Carlos?

– Llevamos dos meses juntos.

Inés continúa, pero habla en voz muy baja:

– Pienso que él tiene otra novia. Tiene
muchos secretos. Habla por teléfono y
cuando me ve, no habla más. Cuando
yo le pregunto del trabajo, se enoja. Se
enoja mucho.

Makenna no sabe qué decir. Decide escuchar
y no decir nada. No menciona la conversación
que escuchó ayer. Inés continúa:

– No sé. Él es más joven que yo. Yo tengo
cuarenta y tres años y él sólo tiene treinta y dos. ¿Es ridículo?

Makenna realmente no sabe qué decir, así que
ignora la pregunta. Sí, es ridículo, pero no se lo
dice a Inés. A Makenna no le gusta Juan Carlos

[8]*baile - (a) dance (noun)*
[9]*no éramos - we were not*
[10]*Cuánto tiempo llevas - How long do you have with?*
(How long have you been together?)

para nada. Ella cree que él es una persona mala. Guapo o no, realmente es una persona fea. Ella cree que él tiene muchos secretos. Posiblemente tiene otra novia. Posiblemente tiene muchos secretos.

Capítulo 10
Una noche en la selva

Por fin, el grupo llega a Curú. El parque es muy natural y muy grande. Hay cabañas[1] pequeñas donde las personas pueden dormir. Makenna pone su mochila en la cabaña de Inés. Inés no habla más de Juan Carlos y Makenna está contenta porque la situación la pone nerviosa.

[1] cabañas - cabins, cottages

El padre de Makenna toca a la puerta y Makenna sale.

> – ¿Quieres caminar un poco conmigo?
> Voy a ver el lugar donde hay muchas
> aves.
>
> – Sí papá, vamos a caminar.

Makenna y su papá caminan por unos minutos pero no ven a las aves. Su papá le dice:

> – Es casi de noche. No vamos a ver
> mucho. No hay luna².

A Makenna le gusta caminar y ver los árboles. Decide hablar con su papá.

> – Papá, creo que Inés está en problemas.
> Me habló. Ella cree que Juan Carlos
> tiene otra novia. A mí no me gusta Juan
> Carlos. Creo que es un hombre malo.
> Creo que tiene secretos malos.
>
> – Um…ahá…sí.
>
> – ¡Papá! ¿Me escuchas?
>
> – Ahá, sí, claro que sí. ¿Quién es Juan
> Carlos?
>
> – Uy, ¡papá! Es el novio de Inés.

²*luna - moon*

¡Trabajas todo el día y no piensas en nada más que el trabajo! Tu vida es triste.

Su papá no le escucha. Está mirando una soga[3] que está en un árbol.

– Mira esto, Makenna.

Makenna no está impresionada. No le importa una tonta soga en un árbol. Está enojada con su papá y le responde sarcásticamente:

– Sí, papá. Una soga. ¿Y qué?

– Makenna, la soga indica que una persona estaba en el árbol. Nosotros no usamos sogas.

– ¿Quién estaba en este árbol?

– Los hombres que roban los huevos de las aves usan sogas para buscar huevos en los árboles.

David piensa un momento y mira la cara de su hija.

– ¿Inés tiene novio? –le dice.

Makenna no le responde. Makenna no piensa más en los problemas de Inés. Piensa en Mimi y el hombre misterioso que robó las aves de la

[3]soga - rope

hacienda.

David toma su teléfono celular. Quiere usar el teléfono pero no funciona. No hay señal[4] telefónica, así que camina en círculos buscando una señal fuerte. No puede hacer una llamada, así que le dice a Makenna:

> – Vamos, Makenna. Necesito informar a las autoridades que posiblemente hay actividad en esta área. No hay señal telefónica aquí. Esta área es muy remota.

Makenna y su papa caminan por unos minutos. Su papá quiere usar el teléfono celular otra vez. Ahora tiene señal y está gritando al teléfono y caminando en círculos para tener mejor recepción.

Makenna explora un poco. Ella camina un poco y ve algo de color rojo. Curiosa, Makenna camina hacia el color rojo. Ve que es una motocicleta. Está escondida[5].

[4]*señal - signal*
[5]*escondida - hidden*

Ella piensa en Juan Carlos otra vez. La moto es muy similar a la moto de Juan Carlos. ¿Juan Carlos está aquí? Si Juan Carlos está con otra novia, ¿por qué están aquí donde está Inés?

Makenna está nerviosa y busca a su papá. Su papá está hablando por teléfono:

– Hasta luego, gracias.

El papá cierra el teléfono y mira a su hija.

– Los oficiales del MINAE van a investigar la soga. Vamos, Makenna. Es tarde.

Makenna camina con su papá pero no habla. Piensa en la soga y en la moto.

Capítulo 11
Una investigación interrumpida

Makenna regresa a su cabaña. Decide hablar con Inés. Inés está en cama y Makenna no sabe si ella duerme o no duerme. Makenna se sienta en la cama y le dice en voz baja:

– Inés.

Inés se levanta rápidamente.

– ¡¿Qué pasa?!

– ¿Puedo hablar contigo? Es importante. Tengo que hablar contigo de Juan Carlos.

– ¿Juan Carlos? ¿Qué pasa?

Las dos se sientan en la cama y Makenna le explica la situación a Inés:

– Mi padre y yo caminábamos por la selva cuando vimos una soga en un árbol. Mi padre quería llamar a los oficiales para informarles que posiblemente hay actividad de criminales. Mi padre no encontraba señal telefónica y no pudo[1] llamar con su teléfono celular. Así que caminaba buscando una señal.

– ¿Y eso, qué tiene que ver con[2] Juan Carlos?

Inés está impaciente y Makenna se enoja. A Makenna no le gusta la impaciencia de Inés.

– ¡Escúchame! ¡¿Por qué no me escuchan los adultos?!

– Lo siento.

– Bueno, mi papá por fin encontró una señal y mientras hablaba por teléfono con los oficiales, yo caminaba un poco.

[1]*pudo - s/he could not, was not able*
[2]*tiene que ver con - has to do with*

Yo vi una moto entre[3] los árboles. Creo que era la moto de Juan Carlos.

– ¿Juan Carlos está aquí? No comprendo. Juan Carlos está en San José ahora. Tiene que trabajar.

– No sé, pero había una moto que era exactamente como la moto que tiene Juan Carlos. Y ayer escuché una conversación telefónica de Juan Carlos. Él dijo que iba[4] a Nicoya.

– Makenna, ¿quieres caminar conmigo? Necesito ver esa moto. Si Juan Carlos está aquí, quiero saber por qué.

Inés y Makenna se levantan y caminan hacia la selva. No hay luna. Todo es muy negro. Oyen los insectos y los animalitos de la selva. Oyen el océano. En pocos minutos, llegan adonde estaba la moto. Makenna tiene una linterna[5]. No ven nada y caminan un poco más. No ven nada, pero muy pronto oyen a unos hombres hablando.

[3]*entre - between, among*
[4]*iba - s/he was going*
[5]*linterna - flashlight*

– ¡Makenna! –dice Inés urgentemente–
¡Apaga⁶ la linterna! Unos hombres vienen.

Oyen voces, pero no oyen la voz de Juan
Carlos. Hay tres voces distintas. Hay una voz
familiar, pero no es la de Juan Carlos. Si no es Juan
Carlos, ¿quién es?

De repente, hay tres linternas en las caras de
Makenna e Inés.

– ¿Quiénes son ustedes? –grita uno de los
hombres.

Makenna grita cuando Inés la agarra del
brazo.

– ¡Corre! –grita Inés.

Las dos corren rápidamente. Después de
correr por varios minutos, Inés y Makenna no ven
las linternas.

Makenna dice en voz baja:

– No escucho nada. ¿Quiénes fueron⁷
esos hombres?

– No sé, pero es obvio que no son nuestros amigos.

⁶*apaga - s/he turns off*
⁷*quiénes fueron - who were they?*

– ¿Dónde estamos? ¿Dónde está la cabaña? Quiero hablar con mi papá.

– No sé. La noche es muy negra.
Corrimos mucho, pero no sé cómo llegar
a la cabaña.

– ¿Tú crees que Juan Carlos está con los
hombres? ¿Qué quieren los hombres?

– Makenna, realmente no… ¡shhhhhhhh!
Vi unas linternas.

Las linternas se apagan. En una voz muy baja,
Inés exclama:

– Makenna…¡corre!

Inés y Makenna corren pero no pueden ver
nada. En ese momento, Inés grita. Makenna mira
a ella y ¡qué horror! Ella está en el suelo y no
puede levantarse.

– Uy, Makenna. Mi pierna…uy….creo
que está rota. No puedo levantarme.

– No, Inés. No es posible. ¿Qué hacemos
ahora?

– Nada. Sssshhh.

En este momento, las linternas están en las
caras de Inés y Makenna otra vez. Makenna ve

que un hombre tiene un cuchillo en la mano.

    – Por favor, ella tiene la pierna rota.

    Ayúdenos.

Uno de los hombres responde:

    – ¡Vengan[8] con nosotros!

Otro hombre la agarra del brazo a Inés, pero ella no puede levantarse. Levanta a Inés y la lleva en sus brazos. Otro hombre agarra a Makenna del brazo y todos caminan por la selva.

[8]*vengan - come (command)*

Capítulo 12
¡Atrapadas!

Makenna e Inés caminan con los hombres. No caminan mucha distancia. Probablemente caminan por quince minutos. Un hombre tiene agarrado[1] el brazo de Makenna. Ella no puede escaparse porque el hombre tiene un cuchillo. ¿Tiene una pistola también? Es posible. Inés no habla. Makenna no mira a Inés. Inés no puede correr y no puede escaparse. Las dos están muy

[1] tiene agarrado - has hold of

nerviosas. El papá de Makenna no sabe que ellas están en la selva. No va a saber que están capturadas hasta la mañana.

Inés piensa: "¡Qué tonta soy! Mi novio es muy joven para mí, estoy muy celosa[2], y ahora Makenna está en problemas y yo posiblemente tengo la pierna rota. ¿Cómo puedo explicar la situación a su padre?".

Llegan a una cabaña pequeña. Es similar a la cabaña donde su papá probablemente duerme en este momento. Hay una cama en la cabaña pero Inés se sienta en el suelo. Makenna puede ver que Inés no está bien. Makenna se sienta en el suelo también. Los hombres ponen una soga en las manos de Makenna y en las manos de Inés. No pueden mover sus manos. Es un poco ridículo que ponen la soga en las manos de Inés porque ella no puede escapar con la pierna rota. Uno de los hombres se sienta en una silla. El hombre no habla.

Dos horas pasan. El hombre que no habla sale. Makenna, por fin, habla con Inés.

[2]*celosa - jealous*

59

– Inés, tengo miedo.

– Cálmate. Todo va a estar bien.

– ¿Estos hombres nos van a matar[3]?

– No, Makenna, no creo que nos vayan a matar.

– ¿Tienen pistolas?

Inés no le responde. Tiene miedo y no sabe qué decirle a Makenna. Entonces, Makenna le pregunta:

– ¿Por qué nos tienen aquí?

– No sé exactamente. Creo que son hombres que roban huevos. Tu papá llamó al MINAE, ¿verdad?

– Sí, él lo llamó.

– ¿Y cuándo vienen los oficiales para investigar la soga en el árbol?

– Creo que mi papá dijo que vienen mañana, pero no sé exactamente.

– Entonces necesitamos esperar hasta mañana.

Makenna tiene mucho miedo y llora silenciosamente. Piensa en su papá y en su hermana. Con su voz temblando, le dice a Inés:

[3]*matar - to kill*

60

– ¿Inés?

– ¿Sí?

– Juan Carlos es un hombre malo, ¿verdad?

– No sé, Makenna. Es mi novio, pero realmente no sé quién es.

– ¿Dónde está el hombre que nos guardaba?

– No sé. ¿Puedes moverte más cerca? Yo puedo usar mis dientes[4] para quitar la soga de tus manos. Si tú puedes escapar, puedes ir por ayuda.

Makenna se mueve un poco y pone las manos enfrente de la cara de Inés. Inés no puede tocar la soga y le dice:

– Makenna, mueve las manos más cerca a mi boca.

Makenna mueve las manos más cerca a la boca de Inés e Inés toma la soga con sus dientes. Trabaja con los dientes y por fin, le quita la soga. ¡Makenna está libre!

– Makenna, escúchame. Corre a tu papá. Llama a la policía. No tengo mucho

[4]*dientes - teeth*

61

tiempo. Cuando vean que tú no estás,
van a estar muy enojados conmigo.
Necesitas llamar a la policía rápidamente.

Makenna va a correr pero otro hombre llega.
El otro hombre se sienta en la silla y les dice:

– ¡Silencio!

– ¡No hablamos! –Inés le responde.

El hombre tiene una linterna. La linterna ilu-
mina la cara del hombre.

– ¡Cecilio! –exclama Makenna.

Makenna esconde[5] las manos porque quiere
esconder que ya no tiene la soga en las manos.

– Shhhhhh! –responde Cecilio.

– Cecilio, –dice Makenna en una voz
   baja– ¿estás aquí para ayudarnos?

– Lo siento, mi amiga. No estoy aquí para
   ayudarles. Estoy aquí porque trabajo
   para un hombre que vende aves. Es un
   hombre rico y malo. Yo le llevo las aves
   y él me da dinero, ¡mucho dinero! No
   soy una mala persona. Sólo quiero

[5]*esconde - s/he hides*

62

el dinero para ayudar a mi familia. No quiero problemas para mí ni para Uds. Los otros hombres son muy malos también. No hablen con ellos. Tienen pistolas y cuchillos. Son terribles y muy peligrosos[6]. Sus vidas no les importan a ellos. Ellos quieren matarles a ustedes.

Inés tiene miedo y está triste. No puede creer que Cecilio es un hombre malo. Ella le responde:

– Cecilio, ¿cómo puedes hacer esto? Es horrible. Las aves…son como mis hijos. ¡¿Fuiste tú el que las robaste de la hacienda?! No visitaste a tu mamá la noche del robo, ¿verdad?

– Yo robé a las aves, pero no las quería robar. Es que yo tengo que ayudar a mis padres. No tienen dinero. Necesitan ayuda…y, no puedo dejar el trabajo. Si no trabajo para ellos, van a matarme. Si yo hablo con las autoridades, me matan.

Inés lo mira con ojos tristes y Cecilio continúa justificando sus acciones.

[6]*peligrosos - dangerous*

– No robé a Mimi. Yo sé que Mimi es muy importante para Makenna. No soy un hombre malo, soy un hombre desespera-do[7]. Voy a hacer un plan, pero necesito pensar.

Un hombre camina a donde están Cecilio, Makenna e Inés. El hombre no dice nada. Makenna está muy nerviosa porque sabe que el hombre tiene una pistola.

De repente, el hombre agarra a Cecilio y le pega[8] en la cara. Makenna grita y el hombre le pega a Cecilio otra vez. Más hombres llegan y todos gritan. Hay mucha confusión. Inés grita:

– ¡Corre, Makenna!

Makenna se levanta y corre rápidamente. Tiene mucho miedo y está muy nerviosa porque Inés está sola con los hombres malos. En un ins-tante, Makenna corre directamente a los brazos de un hombre.

[7]*desesperado - desperate*
[8]*pega - s/he hits*

Capítulo 13
El escape

– ¡Ay! ¡Policía! ¡Papá! ¡Ayúdenme!

Makenna grita mucho y le pega fuertemente al hombre que la tiene agarrada. El hombre es Juan Carlos.

    – ¡No me pegues[1]! ¿Eres tonta?

    – ¡Tú! Tú eres horrible. ¡Tú robas huevos

[1] *no me pegues - don't hit me*

y pobres aves indefensas! Tú eres una persona terrible.

Juan Carlos se ríe.

– Ja ja ja. ¡Qué ridícula eres! No robo nada. Soy oficial del MINAE. Estoy aquí para arrestar a los hombres que roban. Y tú e Inés no me ayudan nada. ¡Mujeres!

– ¿Eres oficial del MINAE?

– Es obvio. ¿Dónde está Inés?

– Los hombres la tienen. La quieren matar.

– ¡Vámonos[2]!

Juan Carlos agarra a Makenna firmemente. Juan Carlos está con un grupo de hombres que tienen pistolas. Todos caminan a la cabaña donde los hombres tienen a Inés capturada. De repente, los hombres entran en la cabaña gritando y moviendo las pistolas en el aire.

– ¡Nadie se mueva!

Los hombres malos salen corriendo y Juan Carlos grita:

– ¡No los dejen[3] escaparse!

[2]*vámonos - Let's go!; Let's get going!*
[3]*dejen - leave alone; (Don't let them escape!)*

Inés está muy sorprendida y exclama:

– ¡Juan Carlos! ¿Eres tú?

– Pues, no. Soy Santa Claus. –responde
Juan Carlos sarcásticamente.

Él está enojado con Inés y la insulta:

– ¡Tú eres una idiota! Casi destruiste⁴ mi
investigación.

– ¿Investigación? No comprendo...

– Tonta Inés. ¿No comprendes? Yo no te
quiero. Estoy aquí para investigar los
robos de las aves y los huevos. Trabajo
para el MINAE. No te quiero y no quiero ser tu novio.

– ¿No eras sincero? ¿No soy tu novia?
¿Me usabas? ¿Para una investigación?
¡Qué horrible eres! ¡Eres un bruto!

Juan Carlos no le responde. Sólo camina a
hablar con los otros hombres. Inés está llorando
cuando dice:

– ¡Las manos! ¡Tengo una soga en las
manos! ¡El idiota no me ayudó!

---

⁴*destruiste - you destroyed*

67

En este momento, llega un hombre que ayuda a Inés. Corta la soga de las manos de Inés. Makenna ve que es su papá.

– ¡Makenna! ¡Te quiero mucho!

El Dr. Parker abraza a su hija fuertemente. Abraza a Inés también. Makenna nota que su padre abraza a Inés muy fuertemente también. Makenna no puede ver que la cara de su papá está roja otra vez.

Regresan a la hacienda. Tienen cuatro huevos nuevos para cuidar que confiscaron de los malos hombres. Makenna le pregunta a Inés:

– ¿Qué le va a pasar a Cecilio?

– Pues, no sé. Realmente no es un hombre malo. Sólo quería ayudar a su familia. Pero lo arrestaron. Probablemente va a testificar en contra[5] de los hombres que les capturaron.

[5]*en contra - against*

Capítulo 14
Adiós

Tres meses pasan y Makenna prepara a Mimi para ir a vivir en la selva. Makenna y Mimi trabajan todos los días y ya Makenna es experta en aves.

La pierna rota de Inés está mejor y ella puede caminar bien. Todos van a Curú para decirle 'adiós' a Mimi porque ahora puede salir de la hacienda. Es un ave grande y bonita ahora. Sus plumas son brillantes y sus alas son enormes.

Makenna sabe que es importante que Mimi salga de la hacienda y que viva con otras aves en la selva. Ella quiere llorar porque Mimi es su amiga. Está triste, pero también está contenta porque Mimi es un ave fuerte que puede volar. Las piernas están bien ahora. Ya no tiene problemas con el ala. Es perfecta ahora.

La situación en la hacienda está perfecta también. Juan Carlos ya no viene a la hacienda. Ya no es el novio de Inés. Ser la novia de Juan Carlos era una situación muy terrible y difícil para Inés, pero ahora está muy, muy contenta. Le gusta trabajar con El Dr. Parker y con Makenna. También piensa que el Dr. Parker es muy guapo. Ella nota que siempre tiene la cara roja y no habla mucho, pero es guapo.

En la selva de Curú, todos le dicen 'adiós' a Mimi. Es un día feliz y un poco triste. Todos lloran un poco mientras Mimi vuela hacia las otras aves. Mimi es la más bonita y la más grande. Miran a Mimi por una hora y entonces salen de la selva. Celebran en un restaurante y regresan a la hacienda.

Capítulo 15
¡Pura vida!

Al día siguiente, Makenna se despierta y piensa que no quiere salir de la cama. Hoy es el día del tribunal[1] de los hombres terribles que robaron las aves y que querían matarlas a ella y a Inés. Inés y su papá van también. Van a la capital, San José. En el carro, el Dr. Parker pone la mano encima de la mano de Inés. Inés lo mira y sonríe un poco, pero tiene una cara nerviosa.

[1] *tribunal - trial*

Llegan a la sala del tribunal[2] y se sientan. Hay tres hombres sentados. No son muy grandes, y no tienen caras malas. Pero son los hombres malos. El juez[3] llama a Makenna y le hace muchas preguntas. Makenna está nerviosa y no mira a los hombres. Habla con el juez y regresa a su silla. El juez también habla con el Dr. Parker e Inés.

Cecilio viene a la sala del tribunal también. Los hombres malos tienen caras muy enojadas cuando miran a Cecilio. Cecilio testifica en contra de los hombres y sale. El juez decide que los hombres van a saber como es vivir en una jaula. Van a pasar muchos años en la prisión.

Makenna no sabe si Cecilio va a la prisión también. Cecilio salió de la sala del tribunal con unos hombres.

Makenna, Inés y el Dr. Parker regresan a la hacienda. Todos están contentos, especialmente el Dr. Parker. Él tiene una sorpresa para Makenna. ¡Es un teléfono celular!

– Tiene servicio internacional. Tú puedes

[2]*sala del tribunal - courtroom*
[3]*juez - judge*

enviar mensajes[4] de texto a tu hermana y a tus amigos.

– ¡Gracias, papá! ¡Me encanta!

Makenna sólo quiere dormir, pero también quiere enviar unos mensajes de texto por primera vez en tres meses.

– David, –dice Inés– ¿no quieres caminar conmigo un poquito? Es una noche muy bonita.

La cara de David se pone completamente roja pero le dice:

– Ah...ajem...pues...sí.

Makenna no nota la conversación porque está enviando mensajes de texto como una loca.

Caminan un poco e Inés toma la mano de David. Ellos no hablan, sólo se miran. Entonces, se besan[5] románticamente.

En este momento, Makenna recibe un mensaje de texto de su hermana. ¡Alex dice que ella viene a Costa Rica para la Navidad[6]! Muy emo-

---

[4]*enviar mensajes - to send messages*
[5]*se besan - they kiss (each other)*
[6]*Navidad - Christmas*

cionada, Makenna corre para buscar a su papá. Corre un poco cuando ¡ve a su padre besando[7] a Inés!

– ¡Papá! –grita con sorpresa–. ¡Perdón!

El papá mira a su hija. Otra vez tiene la cara roja y no puede hablar. Piensa que Makenna está enojada, pero Makenna se ríe.

– ¡Puaj! Gente vieja…¡besándose!

Todos se ríen. Pero el momento mágico está roto y todos están sorprendidos cuando una voz exclama:

– ¡Pura vida!

El fin

[7]*besando - kissing*

Glosario

abraza - s/he hugs
abre - s/he opens
actividad sísmica - seismic activity (earthquakes)
adonde - to where
agarra - s/he grabs
ahora - now
ala - wing
algo - something
algún - some
alto(s) - tall
amigos - friends
anoche - last night
años - years
apaga - s/he turns off
apariencia - appearance
aprenden - they learn
aquí - here
árboles - trees
así que - so
asientos - seats
a veces - sometimes
aves - birds
avión - airplane
ayer - yesterday
ayuda - help (noun)
ayuda - s/he helps

ayudan - they help
ayudar - to help
ayudarnos - to help us
ayúdenos - help us
baile - (a) dance (noun)
baja - low, short
baño - bathroom
(se) besan - they kiss (each other)
besando - kissing
bienvenido(s) - welcome
boca - mouth
bonito(a) - pretty
brazo - arm
buscando - looking for
buscar - to look for
caballo - horse
cabañas - cabins, cottages
calor - warmth, heat
cama - bed
camina - s/he walks
caminábamos - we were walking
caminando - walking
cara - face
carne - meat
carrito - cart

Glosario

(se) casan - they get married
(me) casé - I got married
casi - almost
(se) casó - s/he got married
casa - house
celosa - jealous
cierra - s/he closes
ciudad - city
cocina - kitchen
come - s/he eats
comió - s/he ate
comprende - s/he under-
stands
con - with
conmigo - with me
contigo - with you
corta - s/he cuts
cortan - they cut
corto - short
cosas - things
creo - I believe, think
cuando - when
¿Cuánto tiempo llevas? - How
long do you have with?
(How long have you
been together?)
cuarto - room
cuchillo - knife
cuenta - s/he tells, counts

cuesta - it costs
cuida - s/he cares for
cuidar - to care for, to take-
care of
cumpleaños - birthday
da - s/he gives
darte - to give to you
de - of, from
de nada - you are welcome
de nuevo - again (anew)
de repente - suddenly
debajo - under
dejamos - we leave alone
(behind)
(no) dejen... - don't let them...
dentro - inside
desaparecieron - they disappeared
desayunar - to eat breakfast
desayuno - breakfast
desesperado - desperate
desordenado - disorganized,
messy
después - after
destruiste - you destroyed
día - day
dice - s/he says
diciendo - saying
dientes - teeth

difícil - difficult

dijo - s/he said

Dios - God

donde/dónde - where

dormir - to sleep

dormitorio - bedroom

duerme - s/he sleeps

ellos - them, they

edificios - buildings

(me) embaracé - I got pregnant

en - in, on

en contra - against

encima de - on top of

encima de arroz y frijoles - on top of rice and beans

encontraba - s/he didn't find, wasn't finding

enfrente - in front of

(se) enoja - s/he gets angry

enojada - angry

entonces - then

entre - between, among

enviar mensajes - to send messages

era - s/he was, it was

éramos - we were

eres - you are

es - is

esconde - s/he hides

escondida - hidden

escucha - s/he listens to

escuchando - listening

escucho - I listen

esperando - waiting

esperándote - waiting for you

esperar - to wait

está - s/he is

estaba - s/he, it was

estaba casada - s/he was married

estoy - I am

felicita - congratulate

feo - ugly

flaco(a) - thin

frenética - frenetic, frantic

fue - s/he, it was

fue - s/he went

fuerte - strong

fuertemente - strongly, forcefully

fui - I went

fuiste - you went

gallo pinto - typical dish of rice and beans

gente - people

gritan - they shout, yell

gritando - yelling

gritos - shouts (noun)

guapo - good-looking

(le) gusta - s/he likes (it is pleasing to him/her)

habla - s/he talks, speaks

hablar - to speak, talk

hablando - speaking, talking

hace - s/he does, makes

hace ___ años - ____ years ago (It's been ___ years.)

hace calor - it is warm, hot

hace sol - it is sunny

hacemos - we do, we make

hacer - to do, to make

hambre - hunger

hasta mañana - until (see you) tomorrow

hay - there is, there are

hermana - sister

hijo(s) - sons, sons and daughters

hombre - man

horchata - a rice drink mixed with cinnamon and sugar which is typical in Costa Rica

hoy - today

huevo - egg

huevo frito - fried egg

iba - s/he was going

ir - to go

jaulas - cages

joven - young

juez - judge

juntos- together

lee - s/he reads

(se) levanta - s/he gets up, s/he stands up

levantarme - to get (myself) up, to stand (myself) up

levantarse - to get (oneself) up, to stand (oneself) up

libre - free (pertaining to liberty, freedom)

linterna - flashlight

lo siento - I am sorry

lugar - place

luna - moon

(se) llama - is called (his/her name is)

(se) llamaba - was called (his/her name was)

llega - s/he arrives

llegamos - we arrive

llegan - they arrive

lleguemos - we arrive *(uncertain time of arrival)*

lleva - s/he takes, brings, carries

llevamos - we carry, bring, take

llora - s/he cries

llorando - crying

MINAE (Ministerio de Ambiente y Energia) - Ministry (Department) of Environment and Energy: Governmental organization which oversees wildlife and environmental issues in Costa Rica.

mal (malo/a) - bad

maneja - s/he drives

mano - hand

mañana - morning, tomorrow

más - more

matar - to kill

me encanta - it enchants me (I love it!)

mejor - best

mesa - table

meses - months

miedo - fear

mientras - while

mija - term of endearment: my daughter

mira - s/he watches or looks at

mirando - looking

mochila - backpack

mucho gusto - "nice to meet you"

mueve - s/he moves

mujer - woman

murió hace tres años - died three years ago

nadie - no one, nobody

Navidad - Christmas

necesita - s/he needs

negro(a) - black

noche - night

nosotros - we

novia - girlfriend, fiancée, bride

nuestro - our

nuevo - new

nunca - never

ojos - eyes

otra vez - again

oye - s/he hears

oyen - they hear

padres - parents

Glosario

país - country

para - for

para que no tengan - so that they do not have

paz - peace

pega - s/he hits

pegues - you hit (Don't hit me.)

película - movie

peligrosos - dangerous

pelo - hair

pensar - to think

pequeño(a) - small

pero - but

perro(s) - dog(s)

pescado - fish

piensa - s/he thinks

pierna - leg

plátano frito - fried banana

plumas - feathers

pobre - poor

poco - (a) little

pollo - chicken

por eso - therefore, for that reason

porque - because

pregunta - a question, s/he asks

preocupada - preoccupied, worried

pronto - soon

pudo - s/he could not, was not able

puede - s/he can, is able

puedo - I can, I am able

puerco - pork

puerta - door

pues - well *(conjunction)*

¡Pura vida! - Pure life! In Costa Rica, this is used as a greeting to indicate that you are doing well, as a general expression such as "ok" or "alright" and as a way of saying "goodbye."

que le pasa - what happens to him, what's wrong with him

queremos - we want

quería - s/he wanted

quién - who

¿quiénes fueron? - who were they?

quiere - s/he wants

quince - fifteen

quita - s/he takes off

quitar - to take off

raro - rare or strange

regresa - s/he returns

regresan - they return

regresar - to return

regreso - I return, I am returning

revista - magazine

ríe - s/he laughs

robadas - stolen (robbed)

roban - they steal

robaron - they robbed

robaste - you stole, robbed

rojas (rojo/a) - red

ropa - clothing

rota - broken

sabe - s/he knows (a fact, something)

sala - living room

sala del tribunal - courtroom

salen - they leave

salga - s/he leaves

salieron - they left (a place)

salió - s/he left (a place)

sé - I know (a fact, something)

selva - jungle

semana - week

señal - signal

ser - to be

siempre - always

siguiente - following, next

silla - chair

simpático - nice

sin - without

soga - rope

sol - sun

soltar - to leave (something), to free, to let loose

sonríe - s/he smiles

suelo - ground, floor

sentir - to feel

sienta - s/he sits

siente - s/he feels

son - they are

sonrisa - a smile

sorprendida - surprised

soy - I am

su(s) - his, her, their

también - too, also

tampoco - neither, either

tarde - late

temblando - trembling, shaking

tenemos que ir - we have to go

tener - to have

tengo - I have

Glosario

tengo que dar - I have to give

tenía - s/he had

tenía hambre - s/he had hunger (was hungry)

tiempo - time

tiene - s/he has

tiene agarrado - has hold of

tiene ___ años - s/he has ___ years; (is ___ years old)

tiene que ver con - has to do with

tienen - they have

tipo - type

toalla - towel

toca a la puerta - knocks on the door

todo - all

toma - s/he takes

tomar - to drink

tonta - silly / dumb

trabajamos - we work

trabajo - work, job

treinta y dos - thirty-two

tribunal - trial

triste - sad

tristeza - sadness

tuvo - s/he had

unida - close, united

usted - you (formal)

va - s/he goes

valen - they are worth (are valued at)

vamos - we go, let's go

vámonos - Let's go!; Let's get going!

vas - you go, you are going

vayas - you go

vea - s/he sees *(subjunctive)*

vemos - we see

vean - they see *(subjunctive)*

ven - they see

venden - they sell

vengan - come *(command)*

ventana - window

veo - I see

ver - to see

verdad - true

vi - I saw

vida - life

viejo(a) - old

vienen - they come, they are coming

vimos - we saw

vinimos - we came

vio - s/he saw

visitaste - you visited

vive - s/he lives

vivía - s/he lived, was living

vivimos - we live(d)

vivir - to live

volar - to fly

voy - I go, am going

voz - voice

vuelan - they fly

ya - already

ya no - anymore

yo - I